Zur Reform

des

Preussischen Concurs-Rechts.

Von

R. Koch.

Berlin.

Verlag von J. Guttentag.

1868.

Vorwort.

Dem Verfasser hat amtlich eine Beurtheilung zahlreicher Vorschläge zur Abänderung der Concurs-Ordnung vom 8. Mai 1855 obgelegen. Hieraus ist die nachstehende Arbeit hervorgegangen, worin ich die dortigen Gesichtspunkte zu erweitern, ein umfassenderes Vergleichungs-Material heranzuziehen und das Ganze den Bedürfnissen eines größeren Publikums anzupassen gesucht habe. Mindestens wird dadurch eine Uebersicht über jene Abänderungsvorschläge gewährt. Vielleicht aber gelingt es den vom Verfasser entwickelten Ansichten auch, die namentlich im Handelsstande verbreitete Meinung von der Reformbedürftigkeit unserer Concurs-Ordnung und der Dringlichkeit der erstrebten Aenderungen einigermaßen zu modificiren und die Reformbestrebungen auf das weitere fruchtbare Feld der Gesetzgebung des Norddeutschen

Bundes hinüberzuleiten. Um dieses Zieles willen glaube ich, zugleich auf die Kürze der mir vergönnt gewesenen Zeit mich berufend, die Nachsicht der Sachverständigen beanspruchen zu dürfen.

Berlin, im September 1868.

R. Koch.

„Now for the Laws of England, for the matter and nature of them I hold them wise, just aud moderate laws: they give to God, they give to Caesar, they give to the subject, what appertaineth. It is true, they are as mixt, as our language. And surely, as our language is thereby so much the richer, so our laws are likewise by that mixture the more complete."

LORD BACON.

Durch die große politische Umgestaltung im Jahre 1866 ist auch die Gesetzgebung in Fluß gerathen. Auf allen Gebieten der Rechtsentwickelung zeigt sich eine frische Bewegung. Große Reform-Pläne, die nur wegen Ungunst der Verhältnisse seither einstweilen zurückgelegt waren, werden wieder aufgenommen; weite Ziele, die man bald theoretisch bekämpft, bald, an den bestehenden Zuständen gemessen, für aussichtslos erklärt und in das Land der Träume verwiesen hatte — ein gemeinsames Deutsches Verkehrsrecht, ja ein wirklich gemeines Deutsches Recht überhaupt — werden lebhaft von Neuem verfolgt und sind in Wahrheit ein gutes Stück näher gerückt. So ist denn auch die Aufgabe, welche noch im Jahre 1861 von der Handelsrechts-Conferenz zu Nürnberg wegen der tiefen Verschiedenheit des materiellen und Prozeß-Rechts der einzelnen Staaten als unausführbar von der Hand gewiesen wurde,[1]) — die Aufrichtung eines gemeinsamen Concursrechts — wenigstens für das Gebiet des Norddeutschen Bundes gegenwärtig mehr, als ein frommer Wunsch. Man verschließt sich an maßgebender Stelle nicht

[1]) Lutz, Protokolle S. 5135 bis 5144. 5146. 5147 (Sitzungen vom 15. und 27. Februar 1861). Auch Verh. über d. Entw. eines A. D. H.-G.-B. rc. Berlin 1861. (Decker.) Motive z. Entw. des Einf.-Ges. S. 247. In demselben Jahre forderte der erste Deutsche Handelstag in Heidelberg (Beschlüsse No. VI.) Codification des Falliten-Rechts. — Verh. des ersten Deutschen Handelstages zu Heidelberg v. 13. bis 18. Mai 1861. Berlin (Fr. Schulze) 1861.

der Erkenntniß, daß das Concursrecht ein wesentliches Stück des Verkehrsrechts, ein nothwendiges Supplement des gemeinsamen Handelsrechts, das wir bereits besitzen, und des gemeinsamen Prozeßrechts ist, das wir hoffentlich bald besitzen werden. Wie die Preußische Regierung von jeher diesen Standpunkt festgehalten hat, so hat das Bundes-Präsidium dem Reichstage des Norddeutschen Bundes das bestimmte Versprechen ertheilt, nach Vollendung der Civilprozeßordnung sofort das Zustandebringen eines gemeinsamen Norddeutschen (formellen und materiellen) Concursrechts anzuregen.[2]) Eine solche Anregung kann nicht ohne Erfolg bleiben.

Inzwischen wird freilich noch einige Zeit, sicherlich ein Jahr, vielleicht mehrere Jahre, vergehen. Dem neuerungslustigen Handelsstande ist diese Frist zu lang. Schon vor Jahren und bald nach Eintritt der Gesetzeskraft der Preußischen Concursordnung vom 8. Mai 1855 sind in Verbindung mit einzelnen Stimmen in der Litteratur aus der Mitte des Handelsstandes Wünsche einer Verbesserung der Concursordnung laut geworden. Die erste bemerkenswerthe Erscheinung in dieser Richtung war der im Jahre 1860 in das Preußische Abgeordneten-Haus eingebrachte, aber nicht zur Discussion gelangte Antrag des Abgeordneten Reichenheim, welcher vorzugsweise eine genauere Information der Gläubigerschaft Behufs Entschließung über einen Accord bezweckte.[3]) In demselben Jahre machte der in Berlin tagende, durch 91 Vertreter von 43 Handelskammern und Kaufmannschaften beschickte erste Preußische Handelstag das Concursrecht zum Gegenstand seiner Berathungen und beantragte bei fünf Punkten eine Aenderung des Gesetzes.[4]) Endlich ist noch ein Bericht der Vorsteher der Kaufmannschaft zu Stettin vom 15. Dezember 1864 in die Oeffentlichkeit gelangt, worin diese gleichfalls bei fünf

---

[2]) Vgl. die Antwort des Präsidenten des Bundeskanzler-Amts auf die Interpellation des Abg. Schreck in der Sitzung des Reichstags vom 19. October 1867. — Stenogr. Berichte S. 497 f.

[3]) Drucks. d. Abg.-Hauses 1860 No. 76. (Sten. Ber. I. S. 217); auch abgedruckt bei Hiersemenzel Preuß. Gerichts-Zeitung 1860. S. 35.

[4]) Berlin 1860 (Fr. Schulze); auch in Goldschmidts Zeitschrift f. d. ges. Handelsrecht III. S. 528 f.

Punkten ein „dringendes Bedürfniß" der Beseitigung von Mängeln der Concurs-Ordnung geltend machen und die Abänderung der letzteren befürworten.[5]) Es ist nicht unbekannt geblieben, daß diese Reformbestrebungen bei der Preußischen Staatsregierung Beachtung gefunden haben. Nicht nur den Handelskammern und kaufmännischen Korporationen ist Gelegenheit gegeben worden, sich über dieselben zu äußern und ihre anderweiten Wünsche in gleicher Richtung zur Sprache zu bringen. Auch die Appellationsgerichte, einzelne Gerichte erster Instanz und mehrere Juristen sind aufgefordert, ihr Gutachten über die hervorgetretenen Abänderungs-Vorschläge abzugeben. Nach allen Anzeichen ist die Preußische Staatsregierung nicht abgeneigt, soweit ein wirkliches Bedürfniß der Abänderung der Concursordnung nachgewiesen wird, dasselbe, ohne die Bundesgesetzgebung abzuwarten, in Form einer Novelle zu befriedigen. Die nachstehende Erörterung hat den Zweck, dieses Bedürfniß im Einzelnen zu prüfen. Hat dieselbe auch, wie nun einmal die Umstände sind, vorzugsweise das gegenwärtige Stadium der Reform-Frage in Preußen in's Auge zu fassen, so fällt sie doch damit gleichzeitig in die Vorbereitung der Bundes-Concursordnung. Um so dringender wird die Anforderung, bei Beleuchtung der einzelnen Vorschläge einen allgemeineren Standpunkt einzunehmen und zur Vergleichung die zahlreichen neueren Gesetzgebungs-Versuche anderer Länder heranzuziehen.

Eine gute Concurs-Gesetzgebung ist keine leichte Aufgabe. Es gilt, eine Verkehrsstörung zu überwinden, Verluste, die sich nicht abwenden lassen, wenigstens nicht über das nothwendige Maaß durch Kosten- und Zeitaufwand zu erweitern. Die festgestellten Gläubiger sollen schnell und leicht in den Besitz ihrer Dividenden gelangen; dabei soll aber auch das Interesse des Gemeinwesens gewahrt, eine Schädigung des Credits und der öffentlichen Sittlichkeit verhütet und die Erhaltung des Gemeinschuldners als Bürgers und Producenten angestrebt werden. Diese Gesichtspunkte und Bedürfnisse kreuzen einander und sind nur im Wege der Compromisse zu erledigen. Es kann daher nicht fehlen, daß

---

[5]) Verh. des Sechsten Deutschen Juristentages Bd. I., S. 141.

jede Concursgesetzgebung bald einer mehr oder weniger berechtigten Kritik verfällt, zu welcher die in ihren Privat-Interessen durch Concurse Beeinträchtigten, also am Häufigsten die Kaufleute, erfahrungsmäßig nur zu geneigt sind. Der Gesetzgeber hat einer solchen Kritik nicht allzuschnell nachzugeben, wenn das Recht nicht durch häufige Aenderung oder gar durch verunglückte Experimente in's Schwanken gerathen soll. Dies hat sich besonders in England gezeigt, dessen Concursgesetzgebung uns von manchen Seiten als Spiegel vorgehalten worden ist.[6]) Auf das Bankerutt-Gesetz von 1849 folgten 1854 ein Nachtrag und 1861 ein neues umfassendes Gesetz.[7]) Aber schon 1864 tritt gegen letzteres eine Reform-Bewegung auf[8]), und im Frühjahr 1867 hat abermals ein Gesetzesvorschlag, die Reform des Bankerutt-Rechts betreffend, das Unterhaus passirt, welchen die Presse keineswegs durchweg beifällig aufgenommen hat.[9]) Der Gegenstand ist vollkommen reif zur Gesetzgebung — sagt darüber ein Artikel der Times vom 16. März 1867 — aber die Fehlgriffe sind so zahlreich gewesen, daß wir beinahe daran verzweifeln, diesen veralteten Schaden geheilt zu sehen. — Ebenso hat man sich in Nordamerika in neuester Zeit mit dem Concursrecht beschäftigt. Ein Gesetz vom 2. März 1867[10]) regelt das Concursverfahren für die vereinigten Staaten von Nordamerika ähnlich, wie in England, und enthält gleichzeitig die wichtigsten materiellen Rechtsgrundsätze über die Wirkungen des Concurses, Rangordnung der Forderungen und dgl. So wenig diese Gesetze in ihrem Zusammen-

6) Güterbock bei Goldschmidt a. a. O. I. S. 34 f. II. S. 19 f. 283 f. u. in seiner Schrift „Ueber einige in der Praxis hervorgetretene Mängel des Preuß. Concursverfahrens." Berlin 1860. (Springer.) — F. Mittermaier bei Goldschmidt (u. Laband) a. a. O. VIII. S. 511. — Lasker in Hiersemenzel's Deutscher Gerichts-Zeitg. 1865. S. 187.

7) Ueber das letztere s. Mittermaier a. a. O. S. 510 f.

8) Law Magazine, November-Heft 1865 („Bankruptcy reform", pag. 124 seq.) Der Verf. theilt mit, daß in England von einem National-Einkommen von Netto 400 Mill. Pfund jährlich mindestens 50 Millionen, wahrscheinlich aber mehr, durch Zahlungsunfähigkeit verloren gehen. Vgl. auch „The law and practice of bankruptcy. By Will. Downes Griffith. London. (Sweet.) 1867.

9) Times vom 16. März p. 9, v. 29. März p. 10 u. v. 10. Juni 1867 p. 8.

10) Abgedruckt in Merchants Magazine vol. 56. p. 381 seq. New-York 1867. Einen Auszug giebt auch die Austria, Wochenschrift für Volkswirthschaft und Statistik. Wien 1867. S. 334 f.

hang mit dem eigenthümlichen materiellen Recht und in der feierlichen Umständlichkeit ihrer Proceduren im Allgemeinen ein Vorbild für die Preußische und Deutsche Concursgesetzgebung bieten können, so enthalten sie doch manche beachtenswerthe Züge und dürfen im Einzelnen nicht übergangen werden. — Mehr Ruhe zeigt sich in den Gebieten derjenigen Rechte, welche der Concursordnung vom 8. Mai 1855 am nächsten stehen, nämlich Frankreichs und Belgiens. Noch immer beruht der Französische Concurs im Wesentlichen auf jenem Gesetz vom 28. Mai 1838, wodurch die einschlagenden Vorschriften des code de commerce (Art. 437 fgde.) abgeändert und ergänzt worden sind.[11]) Ebensowenig ist unseres Wissens das Belgische Bankeruttgesetz vom 18. April 1851[12]) bisher in wesentlichen Punkten modificirt worden — vielleicht ein Zeichen, daß diese Gesetze den richtigen Gedanken nicht ferne stehen. Auch der entsprechende Theil des Italienischen Handelsgesetzbuchs vom 25. Juni 1865 (Buch III.) schließt sich meistens dem gedachten französischen Gesetze an.[13]) In Rheinpreußen gilt der code de commerce; jedoch sind durch Gesetz vom 9. Mai 1859 (G.-S. S. 208.) einige wichtige Verbesserungen eingeführt. —

In dem übrigen Deutschland liegt noch immer der gemeine Concursprozeß, durch Praxis und Particulargesetzgebung ausgebildet, im Streit mit den modernen Principien, welche sich in der Preußischen Gesetzgebung Geltung verschafft haben. Von neueren Gesetzen beruhen auf dem ersteren namentlich die einiger neuerworbenen Landestheile Preußens. So der betreffende Abschnitt der bürgerlichen Prozeßordnung für das ehemalige Königreich Hannover vom 8. November 1850 (Theil VI.)[14]) und das Nassauische Concursgesetz vom 28. September 1859 (Verordnungsblatt S. 182. ff.), welches durch § 89. der Prozeß-Ordnung

11) Loi sur les faillites et banqueroutes. — Bull. de lois IX. Ser. vol. XVI. p. 717.

12) Loi sur les faillites etc. Vgl. Mittermaier in der krit. Zeitschrift für Rechtswissenschaft und Gesetzgebung des Auslandes Bd. 24. S. 264 f. 440 f.

13) Goldschmidt u. Laband Zeitschrift, XI. S. 222 f.

14) Vgl. den Commentar von Dr. Leonhardt. 4. Aufl. Hannover 1867. Für die Landestheile des Preuß. Rechts sind im § 678 eine Anzahl Bestimmungen der Allg. Ger.-Ordn. aufrecht erhalten.

vom 24. Juni 1867 (G.-S. S. 909.) im Wesentlichen in Kraft erhalten worden ist. Dasselbe gilt von der Braunschweigischen Civilprozeßordnung vom 19. März 1850, dem Oldenburgischen Prozeßgesetz vom 2. November 1857 (Abschnitt 11.), der „Prozeßordnung in bürgerlichen Rechtsstreitigkeiten für das Großherzogthum Baden" (Tit. 35. „Vom Gantverfahren") vom 18. März 1864 und selbst von den im Einzelnen freilich sehr abweichenden, zum Theil sich dem entgegengesetzten Lager nähernden Concursgesetzen der freien Städte Bremen[15]) und Lübeck.[16]) Dagegen ist die Mehrzahl aller neueren Entwürfe dem Vorbild des französischen und namentlich des preußischen Concursprozesses gefolgt. Nur die fragmentarischen Bestimmungen des Württembergischen und die des Weimarisch-Schwarzburgischen Entwurfs einer Civilprozeßordnung nehmen einen entgegengesetzten Standpunkt ein. Der Oesterreichische Entwurf eine Concursordnung für die nicht zur ungarischen Krone gehörigen Länder des Kaiserstaats,[17]) der nur wegen der Aussicht auf eine Norddeutsche Concursordnung zurückgezogene Entwurf einer Concursordnung für das Königreich Sachsen[18]) und der betreffende Abschnitt des Bayerischen Entwurfs einer Civilprozeßordnung (Buch V. Gantverfahren)[19]) lassen deutlich das Vorbild der Preußischen Concursordnung erkennen, auf welcher auch das V. Buch („Vom kaufmännischen

---

15) „Verordnung für Debit- und Nachlaßsachen der freien Hansestadt Bremen" vom $\frac{\text{24. Mai}}{\text{5. Juni}}$ 1843. Bremen 1843. (Schünemann.)

16) „Concursordnung für die freie und Hansestadt Lübeck" vom 17. September 1862. — Sammlung der Lübeckischen Verordnungen und Bekanntmachungen No. 22. S. 221.

17) Wien. K. K. Hof- und Staatsdruckerei. 1867. Die Concursordnung für Ungarn, Siebenbürgen und die Nebenländer vom 18. Juli 1853 beruht auf dem gemeinrechtlichen Concurse.

18) Die Motive S. 757 heben das Verhältniß zur Preuß. Conc.-Ord. ausdrücklich hervor. Der Entw., welcher mir durch gütige Vermittelung eines Mitgliedes der Bundes-Civilproceß-Kommission zugänglich geworden ist, befindet sich meines Wissens ebensowenig im Buchhandel, als die der gedachten Commission mitgetheilten Verhandlungen der Handels- und Gewerbe-Kammer Plauen über denselben (nebst Commissionsbericht), welche manche einsichtsvolle kritische Bemerkung enthalten.

19) München 1861. Kaiser. Mot. S. 663 fgde. Vgl. Verhandlungen des Gesetzgebungs-Ausschusses der zweiten Kammer S. 509 f. u. Beilage L. S. 465 f. (Vortrag des Abg. v. Neumayr).

Concurse") des ursprünglich für sämmtliche Preußischen Staaten bestimmten, demnächst der Handelsrechts-Conferenz zu Nürnberg vorgelegten Entwurfs eines Handelsgesetzbuchs,[20]) sowie der 1860 von der Preußischen Regierung in dieselbe eingebrachte abgekürzte Entwurf (V. Buch „Von dem Fallimont")[21]) beruhten.

Wohin der Compaß der Rechtsentwicklung weist, ist danach vollkommen deutlich. Die öffentliche Meinung in Deutschland hat über den gemeinrechtlichen Concurs längst den Stab gebrochen. Trotz seiner logischen Folgerichtigkeit, mit der sich das Verfahren von den ersten Edictalien zur Präclusion der unbekannten Gläubiger, der Verification, Klassification und der Vertheilung der wesentlich vom Richter verwalteten und flüssig gemachten Masse bewegte, war dasselbe — um eine naive Bezeichnung des ältesten Concurs-Schriftstellers zu gebrauchen — zum „Labyrinth" geworden, aus welchem die Gläubiger in der Regel nur mit Aufopferung des größten Theils ihrer Forderungen den Ausweg zu finden vermochten. Leyser (spec. 480) nimmt den Concurs in die Klassification der Uebel, welche das Menschengeschlecht heimsuchen, neben Krieg und Pestilenz auf, und bereits in den zwanziger Jahren dieses Jahrhunderts ist man einig, daß das Concursverfahren durch Umständlichkeit, Langwierigkeit, Regellosigkeit, Kostspieligkeit seine Zwecke völlig verfehle.[22]) Stritt und streitet man auch noch heute über die Mittel, diesen Uebelständen am Sichersten zu begegnen, so haben doch im Ganzen und Großen die Grundsätze des nun seit länger als einem halben Jahrhundert bewährten französischen Concursrechts in der verbesserten Gestalt, in welcher sie in der Preußischen Concursordnung Ausdruck gefunden haben, sich allgemeine Anerkennung errungen. Von den Grundpfeilern unseres heutigen Concursrechts — Concentrirung der Verwaltung der Activ-Masse in der Hand von Vertretern der Gläubigerschaft unter bloßer Aufsicht des Ge-

20) Berlin 1857. (Decker.) Th. I. Entw., Th. II. Motive.

21) Der meines Wissens nicht durch den Buchhandel verbreitete Entw. liegt mir in einem Acten-Exemplar vor.

22) W. H. Puchta Ueber den Concursproceß, besonders mit Rücksicht auf die Mittel seiner Abwendung und Abkürzung. Erlangen 1827. Palm. S. 67 f. Vgl. auch die Motive des K. Sächsischen Entw. einer Concursordnung §§ 2—13. S. 719 fgde.

richts, Ablösung der Thätigkeit des mit weitem imperium ausgestatteten Richter-Commissars von der eigentlichen Rechtsprechung im Concurse, Vereinfachung des Liquidations-, Prüfungs-, Feststellungs- und Vertheilungs-Verfahrens unter Beseitigung aller Präclusiv-, Locations- und Distributiv-Bescheide, Abkürzung des Concurses durch Erleichterung des Zwangsvergleichs, Alles das bei Reduction der Vorrechte und Erweiterung des Anfechtungsrechts gegen fraudulose Geschäfte — ist nach dreizehnjähriger Erfahrung bisher kaum ein einziger erheblichen Angriffen ausgesetzt gewesen, geschweige denn erschüttert. Richten sich auch frühzeitig Klagen gegen den Accord — worauf wir unten zurückkommen —, wird hier wie in andern Ländern[23]) behauptet, daß derselbe ein Haupt-Motiv der Zahlungseinstellung und ein Mittel geworden sei, um neu „als Phönix aus der Asche" zu erstehen,[24]) so wird doch unmittelbar nach der Handelskrisis der Jahre 1857 und 1858 von namhaften Stimmen bezeugt, daß gerade mit Hülfe des Accordes es möglich geworden sei, in jener Zeit zahlreiche Concurse rasch zu erledigen, und daß die Concursordnung im Allgemeinen sich trefflich bewährt habe.[25]) Es ist keine vereinzelte Ansicht, wenn man die Concursordnung als eins der besten unserer neueren Gesetze bezeichnet hat.[26]) So dürfen wir wohl nicht ohne Grund die Erwartung hegen,

---

23) Vgl. Times v. 10. Juni 1867, p. 8.

24) Vgl. Preuß. Ger.-Ztg. 1859 No. 43, 1860 No. 13 31. Lesse, Kurze Erörterungen über den Accord im kaufmännischen Concurse. Thorn 1861. (Lambeck); Ders. „Der Accord in der Concursordnung des Norddeutschen Bundes. Berlin 1867. Jansen. (Sep. Abdruck aus der Deutschen Ger.-Ztg.); Güterbock, Mängel (s. Note 6.) S. 3 fgde.; Hartmann bei Gruchot, Beiträge zur Erl. des Pr. Rechts. Jahrg. II. S. 267 f. Eine Kritik der Reform-Vorschläge giebt Makower, Studien zur Concursordnung vom 8. Mai 1855. Berlin 1861 (J. Guttentag). „II. Der Accord." S. 57 fgde.

25) Vgl. namentlich die Mittheilungen des Stadtgerichts-Director Voigt zu Berlin im Justiz-Min.-Blatt 1860 S. 62 f., 1862 S. 208. Danach sind mit der Concursordnung höchst günstige Resultate erreicht. Dieselbe hat sich als „sehr geeignet zur Bewältigung der in ungewöhnlichem Maße gestörten Credit-Verhältnisse" bewährt. Jene günstigen Erfolge bezeugen auch die „Vorbemerkungen" zum Entwurf des Handelsgesetzbuchs C. X., Güterbock, Mängel S. 3, und dessen Recensent (Goldschmidt) bei Goldschmidt, Zeitschr. III. S. 621.

26) So Göppert bei Bekker u. Pözl, Krit. Vierteljahrsschrift, Bd. VII. (1865) S. 434.

daß dieselbe auch dem künftigen Entwurf einer Norddeutschen Concurs-Ordnung zur Grundlage dienen werde. Daß sie sich auch für solche Gebiete eignet, in welchen gemeines Recht gilt, ergiebt ihre Einführung in dergleichen Preußische Landestheile.[27]) Um so näher liegt es, vereinzelte Mängel derselben schon jetzt eingehend zu würdigen. Wir halten dieselben — um unseren Standpunkt hier vorweg zu bezeichnen — nicht für bedeutend und namentlich nicht für dringlich genug, um die Erledigung im Wege der Novellen-Gesetzgebung trotz der Aussicht auf Zustandekommen eines Bundes-Concurs-Gesetzes zu erfordern. Die Concurs-Ordnung vom 8. Mai 1855 hat zum ersten Male seit der großen Codifikation am Schlusse des vorigen Jahrhunderts mit dem hergebrachten Novellen-Wesen gebrochen und auf einem umfangreichen Gebiet von großen Principien aus das bestehende Recht neugestaltet. Es wäre zu beklagen, wenn die dadurch geschaffene Einheit durch eine Novelle gefährdet würde. Und noch Mehr: Hat Preußen sich mit seinem Concursrecht erst wieder vollkommen bequem häuslich eingerichtet, so ist zu fürchten, daß die Norddeutsche Concursrechts-Reform wenigstens vorläufig nicht mehr als ein dringendes Bedürfniß erscheinen, sondern weiter verschoben werden möchte. Unseres Erachtens kann man sich in Preußen sehr wohl noch einige Jahre mit seiner Concursordnung behelfen, damit sich nicht Dante's Wort von seinen Florentinern gewissermaßen an uns erfülle: „daß nicht bis in die Mitte des November Gesetze gelten, die im October gegeben sind." — Treten wir nun den Reform-Vorschlägen näher, so zeigt sich, daß die oben erwähnten drei Gruppen, welche eine amtliche Enquête hervorgerufen haben und hier vorzugsweise in's Auge zu fassen sind, mit den in der Litteratur laut gewordenen Wünschen vielfach zusammentreffen. Wir haben bereits angedeutet, daß die eigentlichen Grundprincipien der Concursordnung dadurch nirgends betroffen werden. Es ist überhaupt nicht leicht, den Reformbestrebungen größere Gesichtspunkte abzugewinnen. Höchstens läßt sich Soviel sagen, daß im Allgemeinen eine nähere Betheiligung der

---

[27]) So in die Hohenzollernschen Lande durch Gesetz vom 31. Mai 1860 (G.-S. S. 214) und in den Bezirk des Justizsenats zu Ehrenbreitstein durch Ges. vom 3. Februar 1864 (G.-S. S. 40).

Gläubiger an der Verwaltung, eine bessere Informirung derselben behufs Entschließung über einen Accord, endlich eine angemessene Erschwerung des Accordes gesucht wird, während die Ansichten über die Mittel zur Erreichung dieser Ziele zum Theil weit auseinander gehen. Im Uebrigen sind es einzelne in der Praxis hervorgetretene Mängel, deren Beseitigung, Erleichterungen, deren Gewährung man anstrebt. Einige Abänderungs-Anträge beziehen sich weniger auf den eigentlichen Concurs, als auf die damit in mehr zufälliger Verbindung stehende Hypotheken- und Subhastations-Gesetzgebung, welche gleichfalls, wenn nicht alle Zeichen trügen, bedeutenden Reformen entgegengeht.

Bei dieser Lage der Dinge schien uns die Legalfolge für die Würdigung der einzelnen Reform-Vorschläge am passendsten, wobei nicht ausgeschlossen ist, daß dieselbe hier und da durch systematische Gesichtspunkte durchkreuzt wird.

A. Von den Rechtsverhältnissen im Concurse.

I. Gegenstand des Concurses. Competenz des Gemeinschuldners.

Die erste Frage, welche eine Concursordnung zu lösen hat, ist die: Was gehört zur Concurs-Masse? So stellt auch die Concurs-Ordnung vom 8. Mai 1855 den Grundsatz an die Spitze, daß der Concurs sich auf das gesammte, der Execution unterliegende Vermögen erstrecke, welches der Gemeinschuldner zur Zeit der Eröffnung des Concurses besitzt, oder während der Dauer des Concurses erlangt (§ 1). Diese Ausdehnung des Concurses auf das während der Dauer desselben „erlangte", d. h. nicht bloß das Vermögen, welches dem Gemeinschuldner während des Concursverfahrens „zufällt" [28]) oder „anfällt" [29]), sondern alles, welches er in der gedachten Zeit „erwirbt" [30]), ist in der Litteratur lebhaft angegriffen [31]), und u. E. nicht ohne Grund. Man wollte

[28]) So der Oesterr. Entw. § 1.

[29]) So der Sächs. Entw. § 2.

[30]) So die Bremische Debits-Verordn. § 49. Der Entw. d. H.-G.-B. Art. 698 u. der abgekürzte Entw. Art. 9 haben „erlangt".

[31]) C. F. Koch, Die Preuß. Konkursordnung mit Commentar. 2. Ausgabe. Berlin 1867. (J. Guttentag.) §. 1. (Note 2) S. 24 fgde.

eine gemeinrechtliche Controverse entscheiden, die Eröffnung eines neuen Concurses über den späteren Erwerb vermeiden und von dem letzteren die neuen Gläubiger ausschließen (§ 2: „aller zur Zeit der Concurseröffnung vorhandenen Gläubiger"; § 280). Diese Motive mögen als berechtigt anerkannt werden für den Erwerb durch Erbschaft, Schenkung oder Glücksfall; aber sie passen nicht auf den Erwerb durch die eigene schaffende Thätigkeit des Gemeinschuldners. Es kommt fast einer Untersagung des Gewerbebetriebs gleich[32]), wenn man dem Gemeinschuldner die Früchte seiner Arbeit während des Concurses entzieht. Jedenfalls verliert er dadurch den Antrieb zur Thätigkeit und müßte mit seinen Angehörigen der Armenpflege zur Last fallen, wenn nicht das Gesetz anderweit für den Unterhalt Sorge trägt. Die Concursordnung hat auch gefühlt, daß dem Cridar in gewisser Weise ein Anspruch auf jenen Erwerb wenigstens zur Deckung seines Unterhalts eingeräumt werden müsse. Nach § 162 muß ihm auf seinen Antrag im ersten Stadium des Verfahrens aus dem Vermögen, welches er erst nach der Concurseröffnung erlangt, eine Unterstützung zu seinem und seiner Familie Unterhalt gewährt werden, welche nöthigenfalls aus der übrigen Masse ergänzt werden kann. Allein dies dauert nur bis zur Bestellung des definitiven Verwaltungs-Personals. In diesem Stadium des Verfahrens verwandelt sich das „muß" in „kann", und von dem späteren Erwerb ist nicht mehr die Rede (§ 224). U. E. liegt es viel näher und dient zur Vermeidung von Härten, wenn der Erwerb durch eigene Thätigkeit des Gemeinschuldners überhaupt nicht zur Concursmasse gezogen wird.[33]) Ist derselbe ein namhafter, der das zum Unterhalt des Cridars und

[32]) Vgl. Goltdammer, Commentar u. vollständige Materialien zur Concurs-Ordnung. 2. Ausg. Berlin 1858. (Decker.) S. 287. 288.

[33]) So die Bremer Verordn. § 53. Die Bestimmung des Erwerbs für den Unterhalt wird dadurch ausgedrückt, daß der erstere, wenn die Masse den Unterhalt des Cridars und seiner nächsten Angehörigen übernimmt, auf Antrag der Gläubiger zur Masse gezogen werden kann (Ibid.). — Nach dem Sächs. Entw. (§ 8) verbleibt dem Cridar das, was er während des Concursverfahrens durch Fleiß und Arbeit verdient, soweit es zu seinem und seiner alimentations-berechtigten Verwandten Unterhalt erforderlich ist. — Ebenso nach dem Oesterr. Entw. § 5. Vgl. auch Vhdlg. des Bayerischen Gesetzgebungs-Ausschusses (vom 18. October 1867) S. 528. — Nach § 619 der Hann. Proc.-Ordn. wird die

dessen Familie erforderliche Maaß bei Weitem übersteigt, so bleibt in diesen seltenen Fällen die Möglichkeit eines neuen Concurses über denselben nicht ausgeschlossen. Wir sehen in einem solchen keinen besonderen Nachtheil. Im Gegentheil gewährt jene Möglichkeit zugleich die einer Befriedigung der neuen Gläubiger in passender Form. Warum diese von dem gesammten neuen Erwerb ausgeschlossen sein sollen, ist nicht erfindlich. Oft liegt nicht einmal eine freiwillige Credit-Gewährung vor. Aber selbst im Falle einer solchen können die dringendsten Billigkeits- und selbst Rechtsgründe für eine Berücksichtigung der neuen Gläubiger sprechen. Neue Unternehmungen werden in der Regel auch neuen Credit erfordern. Erwirbt ferner der Cridar kraft nothwendiger Stellvertretung für die Gläubigerschaft, so muß er sie consequenter Weise in demselben Geschäftskreise auch verpflichten können. Schon nach Lage des bisherigen Rechts läßt sich deshalb der Grundsatz vertheidigen, daß der Erwerb nur nach Abzug der darauf gemachten Schulden (ein freilich schwer zu begrenzender Begriff) zur Masse fließe.[34]) Allein besser ist es, diese Frage und zugleich die prozessualische Schwierigkeit, auf welchem Wege jener Abzug zu bewirken, dadurch abzuschneiden, daß man den Umfang der Concursmasse im Allgemeinen durch den Zeitpunkt der Concurseröffnung, welcher überhaupt für die Wirkungen des Concurses der entscheidende ist, bestimmt und diesen Umfang nur noch durch Schenkung, Erbschaft[35]) oder Glücksfälle (eine der Concursordnung geläufige Kategorie — s. §§ 88. 89) während des Concursverfahrens erweitert, allen übrigen späteren Erwerb aber nicht etwa für exekutionsfreies Vermögen

---

Concursmasse durch das dem Gemeinschuldner zur Zeit der Concurseröffnung zustehende Vermögen gebildet; als solches gilt aber auch der spätere Erwerb „kraft eines Rechts, welches den Ausfluß eines zu jener Zeit bereits bestehenden Rechtsverhältnisses bildet."

34) Goltdammer S. 69. 84. 89; Koch S. 26. 27. (Note 3). Ein Absonderungsrecht der neuen Gläubiger, wie der erstgedachte Schriftsteller annimmt, ist freilich weder ausreichend, noch construirbar.

35) Zur Concursmasse gelangt nur, was nach Abzug von Schulden und Lasten der Erbschaft übrig bleibt. (§ 262 C.-O.) — Schwierig wird die Frage, inwiefern auch eine Pflichttheils-Erbschaft hierher gehört. Vgl. Gruchot Erbrecht III. S. 212 und meine Aufsätze Deutsche Ger.-Ztg. 1866 (I. Sem.) S. 102, Neue Folge II. S. 322 ff., Preuß. Anwalts-Ztg. 1866 Sp. 638 ff.

erklärt, sondern den gewöhnlichen Schicksalen exekutionsfähigen Vermögens überläßt. Die Frage, inwieweit Besoldungen und Arbeitslöhne, welche erst nach der Concurseröffnung fällig werden, zur Concursmasse zu ziehen, ist alsdann nicht besonders[36]) zu regeln, sondern entscheidet sich nach allgemeinen Grundsätzen.[37])

Bei einer derartigen Modification des § 1 der Concursordnung würde zugleich die bereits hervorgehobene Ungleichmäßigkeit hinsichtlich der Competenzbewilligung zu beseitigen sein. Ein unbedingter Anspruch auf Gewährung einer Unterstützung aus der Concursmasse dürfte sich alsdann nicht mehr rechtfertigen lassen. Vom Standpunkte des strengen Rechts geschieht dem Gemeinschuldner Genüge, wenn man ihm überläßt, sich und die Seinigen durch eigene Thätigkeit zu erhalten. Ja, man könnte fragen, ob es überhaupt noch der gesetzlichen Anerkennung eines durch Ermessen des Gerichts und der Gläubigerschaft moderirten Competenz-Beneficiums für den Cridar[38]) bedarf, wie denn in der That aus einigen kaufmännischen Kreisen einfach die Beseitigung der §§ 162. 224 befürwortet worden ist.[39]) Es läßt sich nicht in Abrede stellen, daß diese Vorschriften zu Uebelständen geführt haben, indem dem Gemeinschuldner zuweilen eine Unterstützung zugebilligt worden ist, welche ihm ohne erhebliche eigene Anstrengung auf Kosten der Gläubiger fast reichlich fortzuleben gestattete. Dennoch scheinen uns Rücksichten der Menschlichkeit die Beibehaltung einer Vorschrift zu

36) Wie in § 51 (53) der Bremer Verordnung, § 523 des Weimar. Entwurfs.

37) Ueber diese s. mein Gutachten in den Verhandlungen des 7ten Deutschen Juristentages Bd. I. S. 100 fgde., das Gutachten von Otto das. S. 182 fgde. und meinen Aufsatz in Hinschius Zeitschrift für Gesetzgebung und Rechtspflege in Preußen Bd. II. (1868) S. 434 fgde., sowie die Schrift von Hopf „Die Verkümmerung der Arbeits- und Dienstlöhne." Gotha 1868 (Besser), und Grenzboten Jahrg. XXVII, Sem. II. Nr. 30, S. 156 fgde.

38) Vgl. Günther, Der Concurs der Gläubiger S. 50. Hannöversche bürg. Proceß-Ordng. § 655. Badische Proceß-Ordng. § 743. Weimar. Entw. § 618.

39) Der Oesterr. Entw. § 5 verneint das Recht des Gemeinschuldners, aus dem zur Concursmasse gehörigen Vermögen Unterhalt zu fordern. Ob ein solcher zu gewähren, soll von dem Willen derjenigen Gläubiger abhängen, „welche durch die Gewährung zu Schaden kommen würden".

fordern, wonach dem Gemeinschuldner auf dessen Antrag eine Unterstützung aus der Concursmasse zu seinem und seiner Familie Unterhalt, namentlich auch einstweilige Wohnung,[40]) bewilligt werden kann. Ist auch die Veränderung in der ganzen Lage des Gemeinschuldners häufig keine plötzliche, so wird ihm doch durch die Concurseröffnung in der Regel seine bisherige Erwerbsquelle entzogen und die Möglichkeit eines anderweiten Erwerbes wenigstens erschwert. Eine Gesetzgebung, die den Concurs nicht mehr als Verbrechen, sondern vorwiegend als ein Unglück behandelt, welche, die Strenge des alten Schuldrechts auf allen Punkten durchbrechend, die Special-Exekution den mannichfachsten Beschränkungen unterwirft, wird die Gewährung von Mitteln zum einstweiligen Unterhalt aus der Masse füglich erleichtern dürfen, ohne vor zu weit gehender Beeinträchtigung der Gläubiger-Rechte zurückzuschrecken. Diese Beeinträchtigung der Gläubigerschaft schwindet umsomehr, je größer der Einfluß ist, welcher den Gläubigern auf die Bewilligung beigelegt wird. In dieser Beziehung könnte u. E. das Gesetz einen Schritt weiter gehen, als die Concurs-Ordnung. Im Stadium der einstweiligen Verwaltung allerdings bleibt Nichts übrig, als das Gericht nach Anhörung des einstweiligen Verwalters über die Frage, ob, auf wie lange und in welcher Höhe eine Unterstützung zu bewilligen, entscheiden zu lassen. Ist aber die Gläubigerschaft erst constituirt, so ist wenigstens dann, wenn der Beschluß derselben für die Bewilligung ausfällt, eine weitere gerichtliche Prüfung nicht erforderlich.[41]) Besondere Bedingungen der Bewilligung[42]) hat die

---

40) Vgl. §§ 131. 151 des Sächs. Entw. § 266. I., 50 Allg. Ger.-Ordn. Verwickelungen mit den Real-Gläubigern (Preuß. Anwalts-Ztg. 1863 S. 201 f. 411) sind freilich zu vermeiden.

41) Nach dem Sächs. Entw. (§ 151) entscheidet der Concurs-Commissar nach Anhörung des Concurs-Vertreters. Nach der Bremer Verordn. § 21 die Commission nach Anhörung der Gläubiger; „ist aber der Agnitions-Termin (§ 216) bereits abgehalten, so kann eine weitere Verwendung nur in Folge eines Beschlusses der Gläubiger geschehen." — In England hatte früher der Richter vor Ertheilung des sog. Certificats lediglich nach seinem Ermessen eine Unterstützung (allowance) für den Gemeinschuldner zu bewilligen (Nachher hatte letzterer sogar ein gesetzliches Recht auf eine solche). — s. Güterbock bei Goldschmidt, Zeitschr. II. S. 310. — Nach dem Ges. v. 1861 aber entscheidet

Concurs-Ordnung mit Recht nicht aufgenommen. Der betrügliche Bankeruttirer wird ohnehin nicht auf Berücksichtigung rechnen dürfen. Versagen die Gläubiger die Bewilligung, so kann unter Umständen darin eine große Härte liegen, hervorgerufen durch eine vielleicht beim ersten Prüfungstermin noch vorherrschende Animosität gegen den Cridar. Eine bloße „Liberalität“ [43]) allerdings ist den Gläubigern nicht aufzuzwingen. Bei dem vorliegenden Institut handelt es sich aber mehr um eine Verpflichtung im Sinne der Armen-Fürsorge, mag man immerhin als deren Subject nicht den Cridar, sondern das Gemeinwesen ansehen. Es erscheint daher nicht grundlos, wenn das Gericht unter Umständen — in gewiß sehr seltenen Fällen — die Unterstützung auch wider den Willen der Mehrheit der Gläubiger bewilligen kann.

Die Aenderungen, welche die Concursordnung bei den vorstehend berührten Punkten zu erfahren haben würde, sind demnach nicht von sonderlicher Erheblichkeit. Die §§ 162. 224 sind einstweilen elastisch genug, um die Berücksichtigung aller Umstände zu sichern und die Gläubiger vor erheblicher Gefährdung ihrer Interessen zu schützen. § 162 in seiner gegenwärtigen Gestalt enthält überdies ein Correctiv für die oben bekämpfte Hereinziehung des neuen Erwerbs. Reicht dies allerdings nach unserer Ansicht nicht vollständig aus, so ist doch die ganze Frage nicht von großem Belang, weil der Erwerb durch eigene Thätigkeit sich seiner Natur nach der Controle meistens entzieht.

---

die erste Gläubiger-Versammlung, ob und welcher Unterhalt dem Gantmann bis zum letzten Verhör gereicht werden soll. — F. Mittermaier das. VIII. S. 517.

42) Wie in art. 530 des code de comm.: „s'il n'existe pas de présomption de banqueroute.“ Auch § 151 des Sächs. Entw. stellt die Anzeige der Vermögensunzulänglichkeit und die Abwesenheit des Verdachts böslichen Bankerutts als Voraussetzungen der Bewilligung nothdürftigen Unterhalts auf, welche überdies nur auf 4 Wochen von der Concurseröffnung ab erfolgen kann. Freier ist die Lübecker Conc.-O. § 20.

43) So die Motive der Conc.-O. S. 117. Vgl. auch Koch S. 207. Note 90.

II. Wirkungen des Concurses.

1. Prozesse des Gemeinschuldners.

Zu den am Frühesten angefochtenen[44]) Vorschriften der Concurs-Ordnung gehört § 8, welcher in seinen beiden ersten Absätzen bestimmt:

„Nach der Concurseröffnung kann ein Verfahren zur Geltendmachung von Ansprüchen, welche sich auf das zur Concursmasse gehörende Vermögen beziehen, nicht mehr gegen den Gemeinschuldner gerichtet oder fortgesetzt werden.

Anhängige Rechtsstreitigkeiten gehen auf die Gläubigerschaft in der Lage über, in welcher sie sich zur Zeit der Concurs-Eröffnung befinden."

Es handelt sich hier um eine qualitative Begrenzung des Umfangs der Concursmasse. Die Frage, wie weit noch nach der Concurseröffnung mit dem Gemeinschuldner procedirt werden kann, beantwortet sich durch die: Wie weit greift der Concurs in die Rechtssphäre des Cridars? Welche Rechtsverhältnisse gehören nothwendig in den Concurs? § 8 läßt in dieser Beziehung eine Unklarheit übrig, welche durch die Ausdehnung der Concursmasse auf den neuen Erwerb (§ 1) noch vermehrt wird. Ansprüche, „welche sich auf das zur Concursmasse gehörige Vermögen beziehen", ist kein juristischer Begriff. Man kann nur nach dem Entstehungsgrunde oder nach dem Inhalte (Gegenstande) des Anspruchs unterscheiden. „Beziehung" scheint Beides zu umfassen, ist aber überhaupt undeutlich. Auch die von Manchen vertheidigte[45]) Terminologie des Entwurfs „vermögensrechtliche" Ansprüche[46]) ist nicht bezeichnend. Es kann nicht auf den Entstehungsgrund

---

[44]) Vgl. namentlich die auch sonst, insbesondere bezüglich der Behandlung des Wechsels im Concurse interessante (Note 24 citirte) Schrift von Makower, worin ein älterer die vorliegende Frage behandelnder Aufsatz des Verfassers abgedruckt ist (S. 83 f.).

[45]) Koch S. 34. Note 15.

[46]) Besser ist „Vermögensansprüche" (§ 88 der Bremer Debits-Verordn.), weil hier die Beziehung auf den Gegenstand deutlicher wird.

ankommen. Status-Verhältnisse allerdings liegen ganz außerhalb der Bestimmung des Concurses. Die gemischten Rechtsverhältnisse aber (aus dem angewandten Familienrecht) sind keineswegs vom Concurse ausgeschlossen, wie die (sogar mit Rang-Privilegien ausgestatteten) Ansprüche der Ehefrauen und Kinder beweisen. Es kommt immer darauf an, ob sich zur Zeit der Concurseröffnung bereits aus dem Familien- oder sonstigen persönlichen Verhältniß ein Anspruch gestaltet hatte, welcher aus der Concursmasse befriedigt werden kann. Daß Ansprüche auf laufende Alimente nicht hierher gerechnet werden (concursus non alit infantes), beruht darauf, daß sie erst mit Eintritt des Fälligkeits-Termines existent werden.[47]) Die Herkunft des Anspruchs ist gleichgültig. Auch wer aus einem Familien-Verhältniß Etwas zu fordern hat, ist Gläubiger. Freilich muß die Präjudicialfrage feststehen. Diese kann nicht im Concurse ausgemacht werden. Das einzige wesentliche Merkmal ist, daß Etwas aus der Concursmasse gefordert wird. Damit ist keine bloße abstracte Charakteristik nach der Natur des Anspruchs gegeben; sondern diese kommt nur soweit in Betracht, als sie der Befriedigung aus der Concursmasse hinderlich wird. Status-Verhältnisse, Forderungen auf Leistung einer individuellen Handlung oder auf Unterlassung oder Räumung, Besitzstörungsklagen, eignen sich nicht zur Geltendmachung im Concurse.[48]) Denn die Concursmasse ist (in ihrer endlichen Gestalt) nur eine Summe Geldes, aus welcher also nur Geldforderungen zu befriedigen sind. Ist eine andere Forderung vor der Concurseröffnung oder durch dieselbe in eine Geldforderung übergegangen, so kann sie auch im Concurse liquidirt werden.[49]) Insoweit also hat die Beschaffenheit eines Anspruchs einen gewissen Einfluß auf unsere Frage. Der Inhalt des Anspruchs läßt sich nun einmal von der Sach-Legitimation nicht trennen. Andererseits aber kann einer an sich zur Verfolgung im Concurse sehr wohl geeigneten Forderung durch die Intention des Klägers die „Beziehung“ zur Concursmasse leicht entzogen werden. Der Kläger kann die

47) Makower a. a. O. S. 83.
48) Ders. S. 84 fgde., 16 fgde., 21 fgde.
49) Zu eng also Koch S. 34. Note 15.

Absicht haben, nur eine Feststellung der Forderung gegen den Gemeinschuldner zu erreichen, um diese Feststellung gegen Dritte (falls sie nicht blos inter partes wirkt) oder gegen den Gemeinschuldner selbst nach beendetem Concurse zu gebrauchen. Warum ein solcher Vorbehalt unwirksam sein soll, ist nicht abzusehen. Hat doch der Kläger vielleicht den triftigsten Grund, die Prozeßführung gegen den Cridar, welcher im Prüfungs- und Feststellungs-Verfahren nicht als Partei gehört wird, dem also dort auch kein Eid zugeschoben werden kann, der Verfolgung gegen den Verwalter der Masse vorzuziehen. Warum ihn zur Betheiligung am Concurse nöthigen, wenn er keine Aussicht auf Befriedigung im Concurse hat? Noch dringender ist das Bedürfniß für diejenigen Gläubiger, welche es erst nach der Concurseröffnung geworden, also von der Theilnahme am Concurse ausgeschlossen sind. Dem Preußischen Rechtswesen sind sowohl solche Klageanträge bekannt, welche nicht sofort nach Rechtskraft der Entscheidung realisirbar, als solche, welche auf gewisse Vermögensinbegriffe oder -Stücke eingeschränkt sind. Das Erstere findet sich bei den sog. Mandatskündigungsklagen auf Zahlung, welche vor eingetretener Fälligkeit angestellt werden dürfen (§ 4 Nr. 1. I, 28 A. G.-O.), den Klagen auf Exmission des Miethers vor abgelaufener Miethszeit (§ 61 I, 44 das.) und gegen märkische Ehefrauen auf Zahlung der unconsentirten Schuld vor Trennung der Ehe; Klageanträge auf Zahlung bei Vermeidung einer auf gewisse Theile des Vermögens eingeschränkten Exekution kommen im Familienrecht (Vorbehalt der Ehefrau — § 318 fgde, 619. II, 1 A. L.-R. —; freies Vermögen des Kindes — § 165 fgde II, 2 das.) und bei der Hypothekar-Klage vor. Auch die Verbindlichkeit des Beneficial-Erben ist durch den Betrag der Erbschaft begrenzt. Auf gleicher Linie steht es, wenn gegen den Gemeinschuldner mit der ausgesprochenen Intention geklagt wird, daß die Zahlung aus dem nicht in die Concursmasse fallenden Vermögen, also, falls man davon den Erwerb durch operae ausnimmt (I.), aus diesem, im Uebrigen nach beendigtem Concurse geleistet werden soll.

Eine Prozeßunfähigkeit (Mangel der persona standi in judicio) auf Seiten des Cridars steht nicht entgegen. Der Gemeinschuldner verliert durch die Concurseröffnung nur „die Befugniß, sein zur Concursmasse gehörendes Vermögen zu verwalten und über dasselbe zu verfügen" (C.-O. § 4). Aber er bleibt im Uebrigen völlig handlungsfähig. Wer nur über einen bestimmten Vermögenskreis nicht disponiren kann, ist prozeßfähig, mindestens außerhalb desselben.[50])

Hiernach muß behauptet werden, daß im Laufe des Concurses alle diejenigen Klagen, bei welchen eine Befriedigung aus der Concursmasse nicht denkbar ist, oder bei denen der Kläger nach seiner ausdrücklichen Erklärung eine solche Befriedigung nicht bezweckt, gegen den Gemeinschuldner in Person gerichtet und wenn sie bereits anhängig sind, fortgesetzt werden dürfen mit der Wirkung, daß die Verurtheilung nur bei Vermeidung der Execution in das nicht zur Concursmasse gehörige Vermögen oder gegen die Person des Gemeinschuldners erfolgt.[51]) Der Oesterreichische Entwurf hat mithin das Richtige getroffen, wenn er bestimmt:

„Nach der Eröffnung des Concurses können Rechtssachen, welche die Geltendmachung oder Sicherstellung von Ansprüchen auf das zur Concursmasse gehörige Vermögen bezwecken, gegen den Gemeinschuldner weder anhängig gemacht, noch, wenn sie bereits anhängig sind, gegen denselben fortgesetzt werden" (§ 6). „Rechtssachen, bei welchen der Anspruch auf eine persönliche Leistung, Unterlassung oder Duldung des Gemeinschuldners oder auf ein durch die Concurseröffnung seiner Verfügung nicht entzogenes Vermögen gerichtet ist, können auch nach der Eröffnung des Concurses wie außer dem Concurse gegen denselben anhängig gemacht oder fortgesetzt werden" (§ 9).[52])

---

50) Die Entwickelung und Anwendung dieses Grundsatzes vom legislatorischen Standpunkte siehe in meinem Aufsatze: „Kann und soll die künftige Norddeutsche Civilproceßordnung im Einzelnen bestimmen, welche Personen die Fähigkeit zur Proceßführung (personam standi in judicio) haben?" bei Hinschius, Zeitschr. Bd. II. (1868) S. 289 fgde. Vgl. auch Rüdorff das. I. S. 671.

51) Vgl. auch Koch S. 36. Note 17.

52) Denselben Gedanken hat auch der Sächsische Entw. § 13: „Wer wegen eines gegen den Gemeinschuldner vor der Concurseröffnung klagbar gemachten Anspruchs Befriedigung aus der Concursmasse erlangen will, hat denselben im Concursverfahren gegen den Concursvertreter zu verfolgen. Wer neben dieser Verfolgung oder auch ohne dieselbe nach der

Es ist indessen fraglich, ob es solcher positiven Bestimmungen überhaupt bedarf. U. E. folgt Alles aus jenem Grundsatze, daß dem Gemeinschuldner nicht die Handlungs- und Prozeßfähigkeit, sondern nur die Dispositions-Befugniß bezüglich der Concursmasse abgeht. Dieser Satz ist ebenso auf Activ- wie auf Passiv-Prozesse des Cridars anzuwenden, nur daß dort von einer Wirkung der bloßen Intention des Klägers nicht die Rede sein kann. Die qualitative Begrenzung der Concursmasse ergiebt sich aus deren Natur als einer Geldsumme. Im Uebrigen fällt bei Klagen gegen den Gemeinschuldner der Schwerpunkt in die Intention des Klägers. Eine specielle Aufzählung der nicht nothwendig in den Concurs gehörenden Ansprüche wird immer unvollständig ausfallen. Bis zur Revision der Concursordnung wird man sich daher auch bei uns mit der unvollkommnen Fassung des Absatz 1 des § 8 im Vertrauen darauf begnügen dürfen, daß die Jurisprudenz in die richtige Bahn allmählich mehr und mehr einlenken werde. —

Weniger um eine bloße Frage der Auslegung, als in der That um eine Lücke des Gesetzes handelt es sich bei dem 2. Absatz des § 8. Derselbe entscheidet zwar eine gemeinrechtliche Controverse dahin, daß bei der Fortsetzung eines von dem Gemeinschuldner geführten Rechtsstreits durch den Massen-Verwalter die Rechtshandlungen des ersteren auch für den letzteren verbindlich sind.[53]) Er wird auch ohne Weiteres so verstanden werden dürfen, daß hier nur von den im ersten Absatz bezeichneten Prozessen, nämlich von solchen die Rede ist, welche nicht gegen den Gemeinschuldner selbst oder von diesem fortgesetzt werden dürfen resp. fortgesetzt werden. Aber unter welchen Bedingungen und auf welchem Wege im Uebrigen sich der Uebergang auf die Gläubigerschaft vollzieht, ist dunkel geblieben. Bereits an einem anderen Orte[54]) haben

---

Concurseröffnung einen Rechtsstreit wider den Gemeinschuldner fortstellt oder erhebt, kann daraus nur gegen den Gemeinschuldner Vollstreckung erlangen. § 12 spricht bezüglich der anhängigen Processe undeutlich von solchen, welche zur Concursmasse gehörendes Vermögen „betreffen". Vgl. § 554 des Weimar. Entw.

[53]) Goltdammer S. 85, Koch S. 37.

[54]) Deutsche Gerichts-Zeitung. Neue Folge. Bd. I. (1866) S. 235 fgde.: „Inwieweit hat die Concurseröffnung nach Preußischem Recht auf schwebende Processe des Gemeinschuldners Einfluß?"

wir gezeigt, wie die Praxis in Folge dessen nach Nothwegen sucht. Es sind Activ- und Passiv-Prozesse zu unterscheiden. Bezüglich der ersteren kommt es wesentlich auf den Entschluß der Gläubigerschaft an, soweit die Prozesse solche Rechte betreffen, welche zur Concursmasse gehören. Wie die Gläubigerschaft dem Gemeinschuldner Rechte zur freien Verfügung überlassen darf (§ 143. 262 C.-O.), und wie sie die Wahl hat, in zweiseitige noch unerfüllte Rechtsgeschäfte des Gemeinschuldners einzutreten oder nicht (§ 16), so kann ihr auch das Ermessen über Fortführung der von dem letzteren begonnenen Activ-Prozesse nicht verschränkt werden.[55]) Der Prozeßrichter aber, der, wenigstens nach heutigem Prozeßrecht, von Amtswegen auf die Activ-Legitimation zu sehen hat, wird sich der Thatsache der Concurseröffnung gegenüber nicht unthätig verhalten dürfen. Der Concurs muß vielmehr eine Unterbrechung des Verfahrens bewirken. Für diese und für die künftige Wiederaufnahme sind Vorschriften erforderlich, welche freilich vielleicht besser erst in der künftigen Civilprozeß-Ordnung ihre Stelle finden.[56]) Nur so kann die Sache in die richtige Lage kommen. Wird der Prozeß einfach mit dem Gemeinschuldner fortgesetzt, so sind der Gläubigerschaft gegenüber alle Prozeßhandlungen des Gemeinschuldners nach eröffnetem Concurse nichtig (C.-O. § 5). Erst, wenn die

---

[55]) Koch S. 36. Note 17. Treten die Gläubiger ein, so wird der Gegner wegen der Kosten Masse-Gläubiger; treten sie nicht ein, und der Proceß wird nicht fortgesetzt, so kann er sein Interesse nur als Concursgläubiger fordern. — Anderer Meinung ohne nähere Begründung ist Förster, Theorie u. Praxis des Preuß. Privatrechts I. S. 751.

[56]) Der Oesterr. Entw. § 10 bestimmt: „In Ansehung der zur Zeit der Concurseröffnung anhängigen Rechtssachen, bei welchen der Gemeinschuldner aus einem vermögensrechtlichen Grunde als Kläger auftritt, ist die Gläubigerschaft befugt, an die Stelle des Gemeinschuldners in den Proceß einzutreten. Macht sie von diesem Rechte Gebrauch, so hat sie, wegen Unterbrechung und wegen Wiederaufgreifen des Processes, nach den Bestimmungen der Civilproceß-Ordnung die erforderlichen Anträge zu stellen." — Der Hannöversche Entw. einer Civilproceß-Ordnung, welcher bei den Berathungen der Norddeutschen Civilproceß-Commission als Leitfaden benutzt wird, enthält darüber keine Special Bestimmung. Vgl. dagegen den Preußischen Civilproceß-Entwurf § 757; auch den Vortrag des Abg. v. Neumayr in den Verh. des Bayrischen Gesetzgebungsausschusses S. 479.

Gläubigerschaft den Prozeß nicht aufgenommen hat, wird mit dem Cridar weiter procedirt werden können.

Von noch größerer Bedeutung ist der Einfluß des Concurses auf Passiv-Prozesse des Gemeinschuldners, und wegen des engen Zusammenhangs dieser Frage mit der Organisation des Anmeldungs- und Prüfungsverfahrens eignet sich die Lösung derselben u. E. mehr für die Concurs-, als für die Civilprozeß-Ordnung. Eine Unterbrechung des Verfahrens scheint uns hier noch in höherem Maße erforderlich. Zwar Real- und Absonderungsklagen, sowie Klagen aus solchen Geschäften, in welche die Gläubigerschaft eingetreten ist, (§ 42 Nr. 2, § 45 C.-O.) können ohne Weiteres gegen den Massenverwalter fortgesetzt werden. Bei allen übrigen an sich zur Befriedigung aus der Concursmasse geeigneten Forderungen aber hängt es zunächst von dem Kläger ab, ob er dieselben nicht bloß gegen den Gemeinschuldner zu verfolgen gedenkt. Wird eine solche Erklärung nicht abgegeben, so ist eine Sistirung schwer zu vermeiden. Es mag richtig sein, daß nach Lage des bisherigen Rechts der Kläger zu einer solchen nicht genöthigt werden kann.[57]) Aber er erlangt, wenn einfach mit dem Verwalter auf der bisherigen Grundlage weiter procedirt wird, kein praktisches Resultat. Die Attractiv-Kraft des Verfahrens ist allerdings in der Concursordnung erheblich abgeschwächt. Es wird zwar vor dem Concursgericht, aber in besonderen Prozessen verhandelt und entschieden, und von dem Generalforum sind die bereits bei einem anderen Gericht in einer höheren Instanz schwebenden oder vor ein forum speciale causae gehörigen Prozesse ausgenommen (§§ 227—234 C.-O.). Aber alle diese besonderen Proceduren finden ihre Konzentrirung in dem Anmeldungs-, Prüfungs- und Vertheilungs-Verfahren. Ohne eine Theilnahme an diesem ist eine Befriedigung aus der Masse, soweit es sich nicht um Masseschulden handelt, unzulässig (§ 239). Soweit überhaupt Befriedigung aus der Masse gefordert wird, besteht also in der That eine indirecte Nöthigung zur Anmeldung,[58])

[57]) Erk. d. Obertrib. v. 24. October 1865 — Striethorst, Archiv f. Rechtsfälle S. 225.

[58]) Allgemein fordert die Anmeldung Förster a. a. O. S. 751. Vgl. auch §§ 88—90 der Bremer Verordn.

welche das Gesetz leicht in eine directe verwandeln kann. Die Fortsetzung des anhängigen Prozesses mit dem Verwalter ohne vorgängige Anmeldung hat keinen Zweck. Denn selbst wenn ein Urtheil gegen ihn auf Zahlung ergangen ist, wird es immer noch vor der Vertheilung an den Kläger einer Feststellung der Forderung bedürfen und zu diesem Behufe einer Prüfung, bei welcher es nicht bloß dem Verwalter, sondern jedem einzelnen Gläubiger unbenommen bleibt, die Forderung zu bestreiten und einen neuen Prozeß herbeizuführen (§ 172. 173). Jedenfalls ist ein solches Verfahren in Betreff des Vorrechts erforderlich, bezüglich dessen die Conc.-Ordn. die Entscheidung ausschließlich dem Concursgericht überweist. Für ein verurtheilendes Erkenntniß, welches nicht das Verifications-Verfahren passirt hat, fehlt die Executions-Instanz. Die General-Execution im Concurse ist ein Ganzes, das Theilungsverfahren nur ein Schlußact, zu welchem man lediglich über die Brücke des Anmeldungs- und Prüfungs-Verfahrens gelangt (§ 255). Zwar können auch noch im Theilungsverfahren Streitigkeiten vorkommen, welche durch einen Specialprozeß zu erledigen sind (§§ 242—246). Allein zu einer Verhandlung über die Existenz der zu berücksichtigenden Forderungen ist daselbst kein Platz. Nur solche Forderungen, welche entweder durch Anerkenntniß des Verwalters oder ein die Feststellung aussprechendes[59]) Erkenntniß festgestellt sind, können berücksichtigt werden. Demnach bedarf es (immer unter der Voraussetzung, daß Befriedigung aus der Masse gefordert wird) einer Modification des ursprünglich auf Zahlung gerichteten Klageantrages dahin, daß nunmehr Feststellung gegen den Verwalter gefordert werde. Weil ein solcher modificirter Antrag aber ebensowohl durch ein Anerkenntniß des Verwalters im Prüfungs-Verfahren, in welchem auch eine Verhandlung über den locus überhaupt erst möglich ist, seine Erledigung finden kann, und erst das Ergebniß dieses Verfahrens über den Umfang der Aufgabe des künftigen Special-Erkenntnisses entscheidet, so liegt Nichts näher, als eine Unterbrechung des Verfahrens zu dem Zwecke, zuvörderst den Erfolg des Anmeldungs- und Prüfungs-Verfahrens abzuwarten. Die prozessualischen

---

[59]) § 43 d. Min.-Instr. v. 6. August 1855.

Formen der Unterbrechung und eventuellen Wiederaufnahme werden sich leicht bestimmen lassen. Der Prozeßrichter setzt, sobald die Concurseröffnung bekannt wird, wenn der Kläger nicht erklärt, gegen den Gemeinschuldner selbst weiter prozessiren zu wollen, das Verfahren durch einen Bescheid aus, und setzt dasselbe erst dann unter Zuziehung des Verwalters an Stelle des Gemeinschuldners fort, wenn ein von urkundlichem Nachweise über das Resultat des Prüfungs-Verfahrens begleiteter[60]) Feststellungs-Antrag vorliegt. Wie sich die Praxis inzwischen in gleicher Richtung behilft, und zwar nicht ohne positiven Anhalt,[61]) wolle man aus dem oben (Note 54) allegirten Aufsatze ersehen. —

Es erübrigt noch ein Wort über die Execution.

§ 9. der C.-O. bestimmt in seinem ersten Absatz:

„Executionen gegen den Gemeinschuldner, welche auf Vollstreckung des Personal-Arrestes gerichtet sind, können nach der Concurseröffnung behufs der Befriedigung einzelner Gläubiger weder fortgesetzt noch eingeleitet werden."

Man hat bereits früher bemerkt, daß dieser Satz im § 8 enthalten sei oder sich doch aus demselben rechtfertige.[62]) Durch das Bundesgesetz vom 29. Mai 1868 über Aufhebung der Personal-Schuldhaft ist derselbe vollends gegenstandslos geworden. Denn wenngleich dasselbe (neben dem Sicherungs-Arrest) die Personalhaft als Mittel der executio ad faciendum bestehen läßt, so ist doch hier nur von Befriedigung einzelner Gläubiger aus der Concursmasse die Rede. Die Zulässigkeit des Zwanges zu einem facere wird, wie bereits oben bezüglich der Klagen bemerkt, durch die Concurseröffnung nicht berührt. Bei einer Revision der Concursordnung wird daher auf eine Umgestaltung des § 9 Bedacht zu nehmen sein.[63]) —

60) C.-O. § 229. Al. 2; Min.-Instr. § 41. 42.

61) C.-O. § 169. Al. 2; Min.-Instr. §§ 23. 42.

62) Comm.-Ber. d. 2. K. bei Goltdammer S. 89; Koch S. 38. Note 10.

63) Daß ein einzelner Gläubiger keinen Sicherungs-Personal- und Real-Arrest nach der Concurseröffnung ausbringen kann (soweit er die Befriedigung aus der Concursmasse sichern soll) dürfte auch besonders auszusprechen sein — s. § 11 des Oesterr. Entw., §§ 91—94 der Bremer Verordnung.

Die Vorschriften, welche eine Sicherungshaft des Gemeinschuldners zulassen, (C.-O. §§ 137. 138. 286.) bleiben zwar im Wesentlichen unberührt, (§ 2 des Bundes-Ges.), werden aber doch eine leichte Modification erleiden müssen. Zwar wird man es als unbedingten Verhaftungsgrund aufstellen dürfen, wenn der Cridar sich zur Zeit der Concurseröffnung im Sicherungs-Arrest befindet, aber nicht wenn gegen ihn eine Personal-Execution ad faciendum vollstreckt wird, weil diese nur auf eine gewisse Renitenz zurückschließen läßt; und ebensowenig wird als regelmäßiger Haftgrund der Fall beibehalten werden können, wenn Wechselklagen gegen den Gemeinschuldner angestellt sind, oder Wechselproteste gegen ihn erhoben werden. Denn diese Vorschrift hatte ihren Grund lediglich darin, daß die Concurseröffnung nicht ein Mittel werden dürfe von der (principalen) Wechsel-Personalhaft zu befreien.[64]) Durch das Bundesgesetz ist diese Möglichkeit weggefallen. Eine besondere Unsicherheit und Vertrauensunwürdigkeit aber wird aus jenen Umständen nicht entnommen werden können.

Von sonstigen die Personalhaft betreffenden Vorschriften der Concursordnung sind der § 201. Absatz 2. (Personalarrest neben der Execution in das Vermögen zur Erfüllung der accordmäßigen Verpflichtungen) und § 280. Abs. 2. 3. (Entschuldbarkeits-Erklärung mit der Wirkung, daß wegen der zur Zeit der Concurseröffnung vorhandenen Forderungen die Execution durch Personalarrest gegen den Cridar nicht vollstreckt werden kann) durch das gedachte Bundesgesetz gegenstandslos geworden und können künftig beseitigt werden.

2. Rechtsgeschäfte, insbesondere Lieferungs-Verträge.

Die Concursordnung hat es für erforderlich gehalten, die Wirkung der Concurseröffnung auf die vor derselben von dem Gemeinschuldner eingegangenen Rechtsgeschäfte im Einzelnen für gewisse Arten von Geschäften zu regeln.[65]) Manche Controverse ist dadurch

---

64) Goltdammer S. 322

65) Ihrem Vorbild folgt der Sächs. Entw. §§ 17--27; knapper der Oesterr. Entw. §§ 22. 23; ähnlich der Bayerische Entw. Art. 1052—1055 (vgl. dazu Neumayr a. a. O. S. 481), auch der Weimar. Entw. § 546. Bezügl. des

beseitigt. Andererseits sind durch die Bestimmungen manche Zweifel hervorgerufen.[66]) Einzelne sind nur auf den engeren Geltungskreis des Allgemeinen Land-Rechts berechnet und bedürften der Modification für das Gebiet des gemeinen Rechts.[67]) Eine sichere principielle Grundlage ist trotz des allgemein klingenden Satzes in § 19 ebensowenig erreicht, als die (freilich auch nicht erstrebte) absolute Vollständigkeit.[68]) Besondere Angriffe hat indessen nur der von den Börsengeschäften handelnde § 17 erfahren. Derselbe lautet:

„Wenn von dem Gemeinschuldner Kauf- oder Lieferungsgeschäfte über fungible Sachen, welche einen marktgängigen Preis haben, oder über geldwerthe Papiere dergestalt geschlossen worden sind, daß sie erst nach der Concurseröffnung zur Erfüllung kommen sollen, so kann weder von der Gläubigerschaft, noch von dem Mitcontrahenten des Gemeinschuldners Erfüllung gefordert werden, sondern es findet aus dem Geschäft nur ein Anspruch auf Entschädigung Statt. Dieser Anspruch bestimmt sich nach der Differenz, welche an dem contractlichen Erfüllungstage zwischen dem Contractspreise und dem Marktpreise oder dem Börsenkurse sich ergiebt."

Gegen diese Special-Bestimmung walten schon deßwegen Bedenken ob, weil sich ihre juristische Grundlage inzwischen verschoben hat. Unverkennbar, wenngleich die Motive davon schweigen, beruht der § 17 auf der älteren preußischen Praxis, welche dergleichen Geschäfte bei Erfüllungsverzug des einen oder anderen Theils sich in

---

gem. Rechts vgl. v. Bayer, Conc. Proceß § 30–32; Günther, der Conc. der Gläubiger S. 51 fgde.; Trotsche, Materialien. 2. Aufl. S. 148 fgde. Die Bremer Verordn. u. der abgekürzte Entw. des 5. Buchs des H.-G.-B. („Von dem Falliment") enthalten keine Spezialbestimmungen über diese Materie.

66) Z. B. wegen der Dienst-Miethe — s. Löhr Centralorg. f. Handels- u. Wechselr. Bd. III. S. 352 fgde.

67) Vgl. Art. XII. d. Einf.-Ges. f. Hohenzollern, Art. XVII. d. Einf.-Ges. f. Ehrenbreitstein.

68) Die in § 20 aufrecht erhaltenen Spezialbestimmungen sind inzwischen durch das H.-G.-B. vermehrt (Art. 123. No. 1, 170, 200, 242 No. 4, 261 No. 3, 472). Vgl. auch d. Preuß. Genossenschafts-Ges. § 33. No. 3 u. das Bundes-Genoss.-Ges. v. 4. Juli 1868 (B. G. Bl. S. 415).

einen Anspruch auf die Coursdifferenz auflösen ließ.[69]) Deutlich zeigt sich dieser Zusammenhang in dem (ursprünglichen) Preuß. Entwurf eines Handelsgesetzbuchs (Art. 274 in Verbindung mit Art. 717). Bei der ersten Lesung des Nürnberger Entwurfs blieb von den die Börsengeschäfte betreffenden Art. 273 bis 276 des Preuß. Entwurfs nur Art. 302 übrig, wonach der zur Erfüllung bereite Contrahent vom Vertrage abgehen und einen mindestens der Coursdifferenz gleichkommenden Schadensersatz fordern kann. Auch diese Specialbestimmung ist in der zweiten Lesung gefallen.[70]) Das Handelsgesetzbuch legt bekanntlich ganz allgemein für Kaufverträge, denen Lieferungsgeschäfte (in Art. 338) gleichgestellt sind, beiden Contrahenten bei Erfüllungsverzug des anderen Theils ein (verschieden bestimmtes) dreifaches Wahlrecht bei (Art. 354 bis 359). Nur wenn der Käufer statt der bedungenermaßen „genau zu einer festbestimmten Zeit oder binnen einer festbestimmten Frist" zu bewirkenden Lieferung Schadensersatz wegen Nichterfüllung fordert, besteht der Betrag des Schadensersatzes (für marktgängige Waaren) mindestens in der Coursdifferenz (Art. 357). Hierdurch ist jene preußische Praxis antiquirt.[71]) Vergeblich ist vor Abschluß der Berathungen darauf hingewiesen, daß der Verkäufer dadurch namentlich bei Insolvenz des Käufers schlechter gestellt werde, als der Käufer, insofern man ihm reelle Erfüllung, resp. Verkauf der Waare zumuthe, während vielleicht zur Erlangung des Preises, resp. der Differenz geringe Aussicht sei.[72]) Das Handelsgesetzbuch hat vielmehr anscheinend auch den Fall eines Concurses des einen oder anderen Theils stillschweigend unterstellt. Bei dieser Rechtslage

---

69) Erk. d. Obertrib. v. 27. October 1847 — Entsch. Bd. 15. S. 460. — Vgl. Koch a. a. O. S. 47. Note 32.

70) Das Nähere siehe in dem Aufsatze von Ladenburg „Die Börsengeschäfte" bei Goldschmidt, Zeitschrift III. S. 460 fgde. und bei Lutz Protokolle S. 670 fgde., 1402 fgde., 4593 fgde.

71) Erk. d. Obertrib. v. 2. November 1865. — Striethorst Archiv Bd. 60. S. 242; — Makower, Commentar z. H.-G.-B. 3. Aufl. Berlin 1868. (Guttentag.) S. 233. Note 39b.

72) Protok. S. 4597; vergl. auch Lesse in Löhr's Centralorg. N. F. I. S. 38. 39.

kann füglich gezweifelt werden, ob die Specialbestimmung des § 17 der Concurs-Ordnung überhaupt aufrecht zu erhalten sei. Von neueren Entwürfen hat nur der Sächsische (§ 22) eine solche aufgenommen. Indessen ist ein eigentlicher Widerspruch mit dem Handelsgesetzbuch bei der bekannten Abneigung der Handelsrechts-Conferenz, sich mit dem Concursrecht zu befassen, nicht anzunehmen. Der wirklich vorliegenden juristischen Incongruenz gegenüber ist u. E. der bereits von den Motiven geltend gemachte praktische Vortheil einer der Verkehrs-Gewohnheit entsprechenden schleunigen Fixirung des Resultats von dergleichen gewagten Geschäften überwiegend. Es ist kaum zufällig, daß gegen den Grundgedanken des § 17 bisher nur von der Rechtstheorie[73]), nicht von Seiten des hier zunächst betheiligten Handelsstandes Widerspruch erhoben worden ist.

Dies ist um so bemerkenswerther, als die Erreichung jenes Vortheils durch die Art, in welcher die Differenz nach dem zweiten Satze des § 17 bestimmt werden soll, gefährdet wird. Daß dieser Bestimmungs-Modus zuvörderst keineswegs mit der Gewohnheit des Verkehrs übereinstimmt, ergiebt die constante, fortwährend wachsende Opposition, welche derselbe seit einer Reihe von Jahren aus der Mitte des Handelsstandes erfahren hat. Schon in der aus Kaufleuten und Juristen zusammengesetzten Begutachtungs-Commission von 1854 ist der Vorschlag gemacht, bei der Berechnung der Entschädigung denjenigen Waarenpreis des contractlichen Erfüllungstages, welcher im Verkehr am Tage der Concurseröffnung sich ergiebt, zu Grunde zu legen. Aus welchen Gründen derselbe abgelehnt worden, erhellt nicht.[74]) In ähnlicher Weise wiederholte den Vorschlag, ausdrücklich auf Abänderung des § 17 der Concurs-Ordnung in dieser Beziehung gerichtet, der erste Preußische Handelstag (1860). Da demselben keine weitere Folge gegeben wurde, suchte sich der Handelsstand selbst zu helfen. In die meisten seither veröffentlichten Sammlungen redigirter Handelsgebräuche oder „allgemeiner Bedingungen", sowie

---

[73]) Koch a. a. O. S. 47. Note 31b; R. d. Ford. I. S. 546 fgde.; Förster a. a. O. S. 750. Note 33.

[74]) Goltdammer S. 102.

in die Schlußzettel-Formulare der Börsen ist eine Bestimmung im Sinne jenes Vorschlages aufgenommen.[75]) Die Gültigkeit von dergleichen Bestimmungen ist nicht unzweifelhaft[76]), mindestens insoweit, als danach der Lieferungstermin bei eingetretener Insolvenz des einen Contrahenten sofort abgelaufen sein soll. Indessen ist das Bestreben des Handelsstandes, sich einer gesetzlichen Bestimmung zu entziehen, welche gerade auf seine Bedürfnisse und Gewohnheiten berechnet ist, immerhin höchst beachtenswerth. Das Motiv liegt offenbar weniger darin, weil, wie der Handelstag sich ausdrückt, „die Verbindlichkeit zur Erfüllung ja nach § 17 cit. durch die Concurseröffnung beseitigt werde" (denn die Differenz soll gerade das Erfüllungs-Interesse darstellen), als in dem Interesse des Handelsverkehrs, schwebende Geschäfte auch bei eintretender Insolvenz des Mitcontrahenten schnell abzuwickeln. Dieses Interesse gewinnnt dadurch an Stärke, daß gerade bei Speculationsgeschäften der vorliegenden Art der einzelne Lieferungsvertrag nicht isolirt zu bleiben pflegt, sondern gewöhnlich als Glied einer ganzen Kette ähnlicher Verträge auftritt. Das von vornherein auf die Differenz gerichtete Geschäft (Börsenspiel) ist keineswegs die Regel. Die meisten Geschäfte werden vielmehr, zumal an der Producten-Börse, auf effective Lieferung geschlossen[77]); dem solvent bleibenden Contrahenten muß daran liegen, sich an Stelle des andern einen neuen Mitcontrahenten, soweit möglich, für denjenigen Preis zu beschaffen, welcher der Berechnung seines Entschädigungsanspruchs an die Con-

---

75) So in Breslau (§ 15 des Schlußzettelformulars), — Goldschmidt u. Laband, Zeitschr. VIII. S. 367, — Stettin (Schlußscheinformular) — Centralorgan N. F. I. S. 42; — Berlin (neues Schlußzettelformular der Effectenbörse § 5, seit dem 1. April 1867 in Kraft) — Goldschmidt u. Laband a. a. O. XI. S. 361. 363 — (und der Productenbörse — Schlußzettel für Rüböl No. 13, Spiritus No. 14, Hafer § 17, Roggen § 17, Weizen § 17 — gleichlautend) — Busch, Archiv für deutsches Handelsrecht Bd. 12. S. 102 — und selbst außer dem Bereich der Concurs-Ordnung in Frankfurt a. M. (Usancen der Productenbörse § 10) — Busch a. a. O. Bd. 9. S. 166.

76) Keyßner bei Busch a. a. O. Bd. 12. S. 101 fgde. A. M. Lesse a. a. O. S. 42.

77) Ladenburg a. a. O. S. 452 meint sogar, daß das, was die Juristen Differenzgeschäft nennen, an der Börse ganz unbekannt sei. Gegen ihn jedoch Brauer bei Busch, Arch. Bd. 8. S. 451.

cursmasse zu Grunde gelegt wird. Dieser Preis läßt sich jedoch bei der Berechnung nach dem Course des contractlichen Erfüllungstages (Stichtages) vor diesem nicht übersehen, namentlich dann nicht, wenn, wie so häufig, besonders beim Productenhandel, der Stichtag nicht auf einen von vornherein bestimmten, sondern nach Wahl des einen oder anderen Theils erst durch dessen „Kündigung" zu bestimmenden Tag innerhalb einer gewissen Frist fällt.[78]) Eine solche Bestimmung des Stichtags durch Aufforderung zur Erfüllung (dies ist die Bedeutung der „Kündigung") ist weder mit der Stellung der Gläubigerschaft, noch mit dem Grundgedanken des § 17, wonach von einer reellen Erfüllung nicht mehr die Rede ist, vereinbar. Dies hat man schon bei der Redaction des Entwurfs zum Handelsgesetzbuch gefühlt, welcher (in Art. 717) den in Rede stehenden Satz dahin modificirt:

> „Dieser Anspruch bestimmt sich nach der Differenz, welche sich zwischen dem Contractspreise und dem Marktpreise oder Börsencourse an dem contractlichen Erfüllungstage oder für die Dauer der contractlichen Erfüllungsfrist nach einer Durchschnittsberechnung ergiebt." [79])

Allein einmal würde eine solche Vorschrift wiederum als eine besondere für eine gewisse Art der im § 17 bezeichneten Geschäfte erscheinen, also als eine, überdies mehr oder weniger willkürliche, den beabsichtigten Inhalt des Geschäfts verändernde Ausnahme von der Ausnahme, und sich schon deshalb kaum empfehlen. Sodann aber würde durch dieselbe nicht minder als bei maßgebendem festen Stichtage die Berechnung der Differenz auf vielleicht geraume Zeit hinausgeschoben, die Ungewißheit also erhalten, und die Möglichkeit, die entstandene Lücke durch Abschluß eines neuen vortheilhaften Geschäfts auszufüllen, erschwert. Immer würden durch den angefochtenen Satz des § 17 auch bei jener Modification beide Theile, die Concursmasse, wie der solvente Mitcontrahent, genöthigt, weiter zu speculiren. Dies entspricht

---

[78]) „Fix und täglich" — s. Goldschmidt u. Laband a. a. O. XI. S. 363 fgde. Ladenburg a. a. O. S. 438; Endemann, Handelsrecht. 2. Aufl. S. 605.

[79]) Motive S. 393. Güterbock, Mängel S. 27.

nicht mehr der durch die Concurseröffnung veränderten Sachlage. Der solvente Contrahent geräth durch die Concurseröffnung von selbst und unter allen Umständen in eine nachtheiligere Stellung, weil er anstatt des vollen Aequivalents nur auf eine Dividende zu rechnen hat. Es dürfte aber geradezu unbillig sein, wenn man ihn auf die Gefahr hin, selbst bei glücklichem Ausfall der Speculation ganz leer auszugehen, dazu nöthigte, seinerseits weiter die möglichen günstigen Conjuncturen in's Auge zu fassen und sich auf eine vielleicht unabsehbare Reihe von Geschäften einzulassen. Andererseits hat auch die Gläubigerschaft ein berechtigtes Interesse daran, nicht in derartige Speculationen verwickelt zu bleiben, welche die Masse vielleicht nahezu aufzehren könnten, jedenfalls vor ihrer Erledigung die Uebersicht über dieselbe und damit die Prüfung etwaiger Accordvorschläge[80]) erschweren. Als naturgemäßer Zeitpunkt für den Abschluß der Speculation bietet sich vielmehr (nicht sowohl der in den kaufmännischen Chancen und Schlußzettelformularen gewählte schwankende Zeitpunkt der Zahlungseinstellung oder „erwiesenen Insolvenz", resp. des „Bekanntwerdens der Suspension", als) der Tag der Concurseröffnung dar. Wird kein Concurs eröffnet, so muß es bei den Vorschriften des Handelsgesetzbuchs verbleiben. Jener Tag, der von dem bedeutendsten Einflusse auf die Rechtsverhältnisse des Gemeinschuldners ist und insonderheit das Lieferungsgeschäft dahin modificirt, daß nur die Differenz gefordert werden kann, liegt auch dann am Nächsten, wenn es sich fragt, wann die Differenz zu bestimmen sei. Das Geschäft ist einmal seinem materiellen Inhalte nach verändert, auf einen Geldanspruch fixirt. Von hier aus dahin zu gelangen, diese Fixirung nicht erst mit dem Eintritt des bedungenen Erfüllungstages, sondern sofort mit demjenigen Zeitpunkte eintreten zu lassen, welcher jene Veränderung bewirkt hat, dazu gehört kein zu weiter Schritt. Im Gegentheil kann man denselben als eine Consequenz des in § 17 cit. überhaupt znr Geltung gekommenen Gedankens bezeichnen. Es handelt sich ja nicht darum, den Tag der Concurseröffnung schlecht-

80) Die Wirkung des § 17 wird durch die in Folge eines Accordes eintretende Beendigung des Concurses übrigens nicht beseitigt. — Erk. d. Obertrib. v. 9. October 1860. — Striethorst, Archiv Bd. 38. S. 285.

hin für den maßgebenden hinsichtlich der Differenzberechnung zu erklären. Der Stichtag, resp. die Erfüllungsfrist können vielmehr in der Weise zur Berücksichtigung gelangen, daß derjenige Cours zu Grunde zu legen, welcher sich (wie die Berliner und Stettiner Schlußzettel deutlich ausdrücken) für die contractmäßige Lieferungszeit am Tage der Concurseröffnung ergiebt. Ein solcher Cours wird sich in allen Fällen, sei es mit Hülfe der amtlichen Coursnotirungen, sei es unter Beiziehung von Sachverständigen, ermitteln lassen. Durch diese Berechnungsweise vermindert sich erheblich der allerdings nicht völlig abzuweisende nachtheilige Einfluß des Umstandes, daß die Course häufig zur Zeit der Concurseröffnung besonders gedrückt sind. Denn jener Cours wird gleichzeitig die Möglichkeit einer günstigeren Bewegung umfassen. Damit aber verschwindet auch zum Theil die Gefahr desjenigen Spielraums, welcher dem Gemeinschuldner und den Gläubigern hinsichtlich der Wahl des Zeitpunktes der Concurseröffnung offen gelassen ist. Die Wahrscheinlichkeit einer speculirenden Berechnung ist dabei überdies eine geringe. In sehr naher Weise also schließt sich die hier empfohlene Art der Abwickelung, wenn man den nothwendigen Einfluß der Concurseröffnung erwägt, dem ursprünglich gewollten Inhalt des Lieferungsgeschäfts an, welches ja immerhin in seiner aleatorischen Natur von einem mehr oder weniger willkürlich bestimmten Erfüllungstermine Gewinn oder Verlust abhängig macht. Das Gesetz wird mithin nicht allzu scrupulös sein dürfen, wenn es sich darum handelt, im späteren Verlauf der Dinge jenem Tage einen passenderen hinsichtlich der Differenzberechnung zu substituiren. Entscheidend aber dürfte sein, daß diese Abwickelungsart allein geeignet ist, die Erreichung der von den Motiven des § 17 gesuchten Vortheile zu sichern. Dies, nämlich vorzugsweise die schnelle Regulirung der Höhe des Entschädigungs-Anspruchs, heben auch vor Allem die Motive des oben allegirten § 22 des Sächsischen Entwurfs (S. 770) hervor, welcher sich den Antrag des Handelstages in folgendem Satze angeeignet hat:

„Dieser Anspruch bestimmt sich nach dem Betrage des Unterschiedes, welcher sich zwischen dem im Vertrage bestimmten

Preise und dem marktgängigen Preise am Tage der Concurseröffnung ergiebt."

Die Fassung läßt nicht deutlich erkennen, ob der Preis des letztgedachten Tages schlechthin oder der Preis für den kontractlichen Lieferungstermin gemeint ist. Es dürfte daher folgende Redaction vorzuziehen sein:

„Dieser Anspruch bestimmt sich nach der Differenz zwischen dem kontractlichen Preise und dem Markt- oder Börsenpreise, welcher sich für die vertragsmäßige Erfüllungszeit am Tage der Concurseröffnung ergiebt."

Einer besonderen Bestimmung über die Fälligkeit des Anspruchs[81]) wird es nicht bedürfen. Dieselbe könnte nur hinsichtlich des solventen Contrahenten von Interesse sein, da im Concurse auch die noch nicht fälligen Forderungen wie fällige behandelt werden (§ 249 C.-O.). Indessen ergiebt sich aus der Natur des vorliegenden Entschädigungsanspruchs die sofortige Fälligkeit u. E. von selbst. Keinesfalls empfiehlt es sich, für den Anspruch aus § 17 Etwas besonders zu verordnen, das auf die in dem vorliegenden Abschnitt (§§ 15—21) behandelten Entschädigungsansprüche überhaupt Anwendung finden müßte.

III. Separatisten. — Concurs der Handelsgesellschaft.

Die Lehre von dem Separationsrecht bildet gewissermaßen die Kehrseite der vorstehend erörterten Fragen. Handelte es sich dort darum, zu bestimmen, was in die Concursmasse falle, so fragt es sich hier, welche Bestandtheile als fremdartige auszuscheiden. Die Concursordnung aber hat den Begriff der Separatisten in einem weiteren Sinne gefaßt, sodaß fast der gemeinsame juristische Gesichtspunkt verloren gegangen ist. Indem sie, den Anschauungen der Handelswelt nachgebend,[82]) das Institut eines besonderen Concurses über das Vermögen von Handels-Gesellschaften aufnahm

---

81) § 15 der Breslauer Schlußzettel.

82) Auch in Preußen waren dieselben bereits seit längerer Zeit zur Geltung gelangt — s. Präj. d. Obertrib. 2026 v. 29. Mai 1848, Gelpcke Zeitschrift f. Handelsrecht. Heft 2. S. 67, Koch Comm. z. C.-O. S. 59. Note 67, u. die Motive des abgekürzten Preuß. Entw. z. H.-G.-B. Buch V. S. 33 fgde.

(§§ 286. flgd.), konnte nur noch uneigentlich von einem Separationsrecht der Gesellschafts-Gläubiger (Recht auf „abgesonderte Befriedigung") die Rede sein. Geht man einmal davon aus, daß die Gesellschaft ein besonderes Verkehrswesen ist, welches sein besonderes Vermögen, seine besonderen Gläubiger hat,[83]) so bedarf es für diese keines Absonderungs-Rechts mehr. Es versteht sich alsdann von selbst, daß in den Concurs der Gesellschaft nur die Gesellschafts-Gläubiger gehören, und die Gesellschafter treten in die Stellung solidarisch für die Gesellschaftsschulden haftender Garanten zurück. Die Concursordnung ist indessen nicht mit dieser Consequenz verfahren Sie statuirt ein Absonderungsrecht der Gesellschaftsgläubiger (§ 35) und behandelt den Gesellschaftsconcurs nicht völlig selbstständig, sondern als einen Particular-Concurs, mit welchem sich stets nothwendig Concurse über das Privatvermögen der einzelnen Gesellschafter verbinden. Das Handelsgesetzbuch, welches andere Partieen der Lehre von den Separatisten erheblich modificirt hat,[84]) verhält sich der vorliegenden Frage gegenüber sehr zurückhaltend. Nur jene Anschauung des Handelsstandes ist legalisirt, wonach „im Falle des Concurses der Gesellschaft die Gläubiger derselben aus dem Gesellschaftsvermögen abgesondert befriedigt" werden und aus dem Privatvermögen der Gesellschafter nur wegen des Ausfalls ihre Befriedigung suchen können, während andrerseits die Privatgläubiger der Gesellschafter sich nur an das ihrem Schuldner bei der Auseinandersetzung Zufallende halten und nöthigenfalls selbst die Auflösung erwirken können (Art. 122., 123., Nr. 1., 119., 126). Im Uebrigen findet sich nur ein Vorbehalt für die Landesgesetze bezüglich eines den Privatgläubigern zu bewilligenden Absonderungsrechts (Art. 122). Der Versuch, die preußischen Bestimmungen über den Concurs der Handelsgesellschaft und dessen Verbindung mit den Privatconcursen in das Handelsgesetzbuch zu bringen,[85]) ist erfolglos geblieben. Auch das

---

[83]) Vgl. die Motive bei Goltdammer S. 20. 104 fgde. 444 fgde. Wentzel u. Klose Comm. z. Conc.-O. S. 127. 381.

[84]) Vgl. Einf.-Ges. z. H.-G.-B. vom 24. Juni 1861, Art. 28.

[85]) Vgl. den ursprünglichen Entwurf Art. 934—939 (Motive S. 509 f.) u. den abgekürzten Entw. Art. 37—44 (Mot. S. 33 fgde.).

Einführungsgesetz vom 24. Juni 1861 hat nur für die Landestheile des gemeinen Rechts mit Ausschluß der Hohenzollernschen Lande in dem (durch das Einf. Ges. für den Bezirk des Justizsenats Ehrenbreitstein Art. II. wiederum außer Kraft gesetzten) Art. 36. eine sich ungefähr den Vorschriften der Concursordnung anschließende Bestimmung aufgenommen.[86]) Im Wesentlichen ist es hiernach bei jenen Vorschriften verblieben. Dieselben leiden indessen an principieller Unklarheit und haben in der Praxis zu vielen Zweifeln geführt.[87]) Eine Revision der Concursordnung wird hier Manches zu thun finden, obwohl auffallender Weise der Handelsstand gerade bei diesem am Engsten mit seinen Interessen zusammenhängenden Punkte sich wenig rührig gezeigt hat. — Auf einige Gesichtspunkte wollen wir nachstehend aufmerksam machen.

Das Handelsgesetzbuch hat die juristische Persönlichkeit der Handelsgesellschaft nicht anerkannt.[88]) Für die Abgrenzung der Rechtssphäre der Gesellschaft fehlt es deshalb an einer sicheren principiellen Grundlage. Am Richtigsten scheint es für den vorliegenden Zweck, von einer bloßen Dispositions-Beschränkung der Socien bezüglich des Gesellschaftsfonds auszugehen.[89]) „Der Gesellschafter entäußert sich", wie die Motive des abgekürzten Entwurfs zum 5. Buche des H.-G.-B. sich treffend ausdrücken, „vermöge des Gesellschaftsvertrages nach unzweifelhaftem Willen der Kontrahenten der Befugniß, über die Einlagen und den Erwerb der Gesellschaft zu seinen Privatzwecken zu verfügen; das in dieser Weise für die Zwecke der Handelsgesellschaft überwiesene Vermögen haftet zunächst für die Schulden der Gesellschaft; nur was übrig bleibt, kann von den einzelnen Gesellschaftern, wie ihr Privatvermögen, verschuldet und von ihren Privatgläubigern in Anspruch genommen werden." Von theoretischen Bedenken gegen ein „Separationsrecht" der Gesellschafts-Gläubiger kann demnach abgesehen werden. Das Gesellschaftsver-

---

86) Vgl. Verordn. v. 5. Juli 1867, §§ 35—37 (G.-S. S. 1141).

87) Vgl. den anonymen Aufsatz in d. Deutschen Ger.-Zeitg. 1865 S. 137 f. und meinen Aufsatz in Goldschmidt u. Laband's Zeitschrift XII. S. 137 fgde.

88) Kuntze in Siebenhaar's Archiv f. d. W.- u. H.-R. Bd. 15 S. 1 fgde. Anderer Meinung zum Theil Endemann, H.-R. 2. Aufl. S. 171 fgde. 249. 284 fgde. 348 fgde.

89) Vgl. v. Hahn Commentar z. H.-G.-B. I. S. 301 fgde.

mögen ist ihnen gewissermaßen verfangen; es wird zu ihrer Befriedigung in einem besonderen Verfahren verwandt. Hierbei kann man sich beruhigen. Wenn aber ein solches Vorzugsrecht nicht als eine ungerechtfertigte Härte gegen die Privatgläubiger[90]) empfunden werden soll, so wird man auch diesen ein Absonderungsrecht bezüglich des Privatvermögens zugestehen müssen. Je selbstständiger man sich den Rechtskreis der Gesellschaft denkt, desto mehr dürfen die Privatgläubiger bei der Creditgewährung davon ausgehen, daß ihnen das Privatvermögen des Schuldners ausschließlich hafte. Danach wird es mindestens eine abermalige Erwägung verdienen, ob nicht von jenem Vorbehalt des Handelsgesetzbuches (Art. 122.) Gebrauch zu machen sei.[91]) Dabei ist noch Folgendes zu berücksichtigen:

Die juristische Consequenz fordert es u. E., daß die Gesellschaftsgläubiger nicht, wie nach § 288. Absatz 2. der Concursordnung nur wegen des im Gesellschaftsconcurse erlittenen Ausfalls, sondern wegen des ganzen Betrages ihrer Forderung aus dem Privatvermögen bis in Höhe jenes Ausfalls Befriedigung suchen dürfen. Nur dies entspricht der Idee eines solidarisch haftenden Garanten (§ 87 C.-O.). Der Entwurf von 1855 enthielt den richtigen Grundsatz und ist aus unzureichenden Gründen in den Commissionen der Kammern geändert.[92]) Die befürchtete Benachtheiligung der Privatgläubiger würde verschwinden, wenn für diese ein Recht auf abgesonderte Befriedigung anerkannt würde.

Die gleichzeitige Eröffnung des Concurses über das Privatvermögen der Socien aber, welche diese Controverse hervorgerufen hat, ist u. E. überhaupt nicht zu rechtfertigen. Das

---

90) So Lasker in d. Deutschen Ger.-Zeitg. 1865 S. 187.

91) In England (Güterbock bei Goldschmidt Zeitschrift II. S. 323) und Nordamerika (Ges. v. 2. März 1867 sec. 36. 37) werden die Gesellschafts-Gläubiger aus dem Gesellschafts-, die Privat-Gläubiger aus dem Privat-Vermögen abgesondert befriedigt. Ebenso nach der Concurs-Ordnung für Lübeck v. 17. Sept. 1862 §§ 55. 111. u. dem Sächsischen Entw. § 256.

92) Goltdammer S. 446 fgde. Vgl. dagegen Koch Comm. z. C.-O. S. 213. Note 83a. Auch der Sächsische Entw. § 255 und der Oesterr. Entw. § 200 lassen die Gesellschafts-Gläubiger in den Privat-Concursen den ganzen Betrag ihrer Forderungen liquidiren. Ebenso der Entw. z. H.-G.-B. Art. 936. (Vgl. Mot. S. 511.) Der abgekürzte Entw. Art. 41 kehrt wiederum (aus Billigkeitsgründen — Mot. S. 37) zur Conc.-Ordn. zurück.

Handelsgesetzbuch hat es freilich im Unklaren gelassen, ob die Gesellschafts-Gläubiger gegen jeden einzelnen Gesellschafter ohne Weiteres (in dessen persönlichem Gerichtsstande) vorgehen dürfen, oder ob zunächst oder wenigstens gleichzeitig die Gesellschaft unter ihrer Firma anzugreifen ist, ferner: inwieweit in dem Angriff auf das eine bereits der auf das andere Vermögen enthalten ist.[93]) Indessen liegt es bei dem Begriffe einer Gesellschaftsschuld, bei dem Recht der Gesellschaftsgläubiger auf abgesonderte Befriedigung und der Zulassung eines besonderen Gesellschaftsconcurses jedenfalls näher, diesen zuvörderst für sich wirken zu lassen und die Geltendmachung der in der Haftung der einzelnen Socien enthaltenen Garantie — vielleicht neben gewissen officiellen Sicherheits-Maßregeln[94]) — den Gläubigern selbst zu überlassen.[95]) Anderenfalls würde man mit der Anschauung der Handelswelt in Conflict gerathen, welche in der Haftung der Socien nicht einen Bestandtheil des Gesellschaftsfonds selbst, sondern eine nebenher gehende Garantie der Gesellschaftsschulden erblickt. Es kann auch thatsächlich nicht anerkannt werden, daß die Zahlungseinstellung der Gesellschaft stets die Zahlungsunfähigkeit der einzelnen Gesellschafter ergiebt. Diese können die verschiedensten Gründe haben, die Gesellschaftsschuld nicht zu berichtigen.[96]) Dem zahlungsfähigen Gesellschafter kann die Zahlungseinstellung unbekannt geblieben; die Existenz oder Fortexistenz der Gesellschaft kann unter den Gesellschaftern streitig sein, ebenso das Vorhandensein der Zahlungseinstellung und die Rich-

---

93) Lutz a. a. O. S. 216 fgde., Endemann S. 186 fgde., Makower Comm. S. 89. Note 38e, v. Hahn S. 284.

94) So das Franz. Fall.-Ges. Art. 458 u. das Belgische Art. 470.

95) Die Einführungsgesetze zum H.-G.-B. weichen in dieser Beziehung sehr von einander ab. Einen Antrag eines oder mehrerer Gesellschafts-Gläubiger erfordern Bayern, Braunschweig ꝛc. — Vgl. Busch, Arch. Bd. 8. S. 208; 10. S. 471. Andere, wie Sachsen (§ 11 d. Ges. v. 30. October 1861) stimmen mit der Preuß. Conc.-Ordn. (Vgl. Endemann S. 228. Note 17 u. Goldschmidt, Zeitschrift VI. S. 53. 86. 106. 399; VII. S. 306 fgde.) So auch der Sächs. Entw. (§§ 253. 254) u. d. Oesterreichische Entw. (§ 198).

96) v. Hahn S. 309. Dr. Tauchnitz, welcher das Sächs. Einf.-Ges. gegen die Angriffe v. Hahn's vertheidigt (Zeitschrift für Rechtspflege u. Verw. N. F. Bd. 26. Leipzig 1865. S. 97 fgde.), würdigt u. E. nicht hinlänglich die juristische Selbstständigkeit des Gesellschaftsfonds.

tigkeit der desfallsigen Anzeige.[97]) So erscheint es als eine bedenkliche Fiction, wenn das Gesetz ohne Weiteres an die Concurseröffnung über das Vermögen der Gesellschaft, welche auf die einseitige Anzeige eines Gesellschafters erfolgen kann (§ 286. 113. C.=O.) die Concurseröffnung über das Privatvermögen der Socien knüpfen läßt. Es ist eine ungerechtfertigte Härte, den Concursrichter selbst dann, wenn er Grund hat, den Gesellschafter für zahlungsfähig zu halten, zur Concurseröffnung über das Privatvermögen des Gesellschafters zu nöthigen.[98]) Schon nach bestehendem Recht zwar wird die Richtigkeit dieser Ansicht bezweifelt.[99]) Indessen müssen wir nach den Motiven wie nach dem Wortlaut des Gesetzes anerkennen, daß man jede Untersuchung über den Zustand des Privatvermögens der Gesellschafter abschneiden und diese eben durch eine Fiction nöthigen wollte, der Zahlungseinstellung der Gesellschaft vorzubeugen.[100]) Freilich hat das Gesetz sich sowenig über die Bedingungen als über das weitere Schicksal der von Rechtswegen gleichzeitig eröffneten Concurse deutlich ausgesprochen. Was die ersteren anlangt, so soll nach § 286 d. C.=O. die Eröffnung des Concurses über das Vermögen einer Handelsgesellschaft, welche ihre Zahlungen eingestellt hat, stattfinden, „sofern die Liquidation und Vertheilung des Gesellschaftsvermögens noch nicht beendigt ist". Diese Voraussetzung leidet an Unklarheit.[101]) Mag es auch nicht erforderlich sein, die Concurseröffnung von der juristischen Fortexsistenz

[97]) Vgl. den von mir in dem Note 87 all. Aufsatze mitgetheilten Rechtsfall nebst Bemerkungen.

[98]) So das Erk. d. Obertrib. v. 11. Juni 1863. — Entsch. Bd. 49. S. 385. — Vgl. § 51 d. Min.=Instr.

[99]) v. Hahn S. 309, Koch Comm. z. C.=O. S. 242 fgde. Note 83. Auch Tauchnitz a. a. O. S. 103 geht nicht so weit. Er will erst dann den Concurs eröffnen lassen, wenn sämmtliche persönlich haftenden Gesellschafter wirklich zahlungsunfähig sind, und zwar immer nur einen Concurs, was eben mit seiner Auffassung von dem Verhältniß des Gesellschaftsfonds zu dem Vermögen der Socien in Verbindung steht. Dieser Ansicht ist wenigstens Consequenz nicht abzusprechen.

[100]) Gollbammer S. 446 fgde. Wentzel u. Klose S. 302. Motive z. Art. 36 d. Einf.=Ges. z. H.=G.=B. (s. Koch Comm. z. H.=G.=B. S. 66).

[101]) Art. 36 des Einf.=Ges. z. H.=G.=B. u. § 35 d. V. v. 5. Juli 1867 kennen dieselbe nicht. Vgl. auch § 100 fgde. 253 d. Sächs. Entw. Die Bestimmung der Conc.=Ordn. dagegen wiederholt § 191. Al. 2 des Oesterr. Entw.

der Gesellschaft bis zu diesem Zeitpunkte abhängig zu machen (weil ja auch die Concurseröffnung selbst die Gesellschaft auflöst, also der Concurs immer in gewissem Sinne ohne Gemeinschuldner vor sich geht), so ist doch die Liquidation des Gesellschaftsvermögens ein unsicheres Merkmal jenes äußerlichen Fortbestehens, an welches die Concurs-Ordnung offenbar gedacht hat. Der Umfang, die Dauer der Liquidation sind nicht an juristische Acte geknüpft, sondern hängen mehr oder weniger von allerlei zufälligen Umständen, von dem Ermessen der Gesellschafter oder der besonders bestellten Leqnidatoren ab.[102]) Man kann durch die Vorschrift des Gesetzes leicht zu der Annahme verleitet werden, als wenn die Zulässigkeit der Concurseröffnung über das Vermögen einer aufgelösten Handelsgesellschaft von der Erledigung aller Aufgaben der Liquidation (Art. 137 des H.-G.-B.) abhängig sein solle.[103]) Das Entscheidende aber ist vielmehr lediglich die vollzogene Vertheilung des Gesellschaftsvermögens. Erst diese (welche freilich auch das Ziel der Liquidation ist — Art. 142 das. —) entzieht den Forderungen der Gesellschafts-Gläubiger ihr materielles Substrat. Ein Gesellschafts-Concurs ist undenkbar ohne Gesellschafts-Concursmasse. Ist der Gesellschaftsfonds vertheilt, ohne daß die Passivseite vollständig regulirt ist, so tritt die Solidargarantie der Gesellschafter in Wirksamkeit. Von einem Gesellschafts-Concurse aber kann nicht mehr die Rede sein. Es dürfte sich demnach fragen, ob nicht statt jener cumulativen Aufstellung der Liquidation und Vertheilung eine andere Voraussetzung anzunehmen, nämlich die Concurseröffnung noch so lange zuzulassen sei, als ungetheilter Gesellschaftsfonds vorhanden ist.

Daneben wird, wenn man einmal an der gleichzeitigen Eröffnung des Gesellschafts-Concurses und der Privatconcurse festhält, deutlich auszudrücken sein, inwiefern letztere in ihrer ferneren Dauer von der des Gesellschaftsconcurses abhängig sind.[104]) Die Begriffe „accessorium" oder „Pertinenz"

102) v. Hahn S. 344. Renaud, das Recht der Actien-Gesellschaften S. 806 f.

103) Siehe den Note 97 erwähnten Rechtsfall.

104) Der Sächs. Entw. § 257 sagt ausdrücklich: „Sobald sich der Konkurs über das Vermögen der Handels-Gesellschaft erledigt, sind die Konkurse über

reichen in dieser Beziehung nicht aus. Das Gesetz hat nur den Fall des Accordes in's Auge gefaßt (§ 289. 290).[105]) Der Gedanke scheint allerdings der zu sein, daß die Privatconcurse in Ermangelung eines selbständigen Grundes zur Concurseröffnung stets dem Schicksal des Gesellschaftsconcurses folgen müssen, wenngleich beide in der Verwaltung „streng von einander getrennt" zu halten sind,[106]) daß dagegen die Privatconcurse für sich beendet werden können, während der Gesellschaftsconcurs fortdauert. Dieser Gedanke ist indessen nicht mit der erforderlichen Bestimmtheit ausgedrückt und in jener Allgemeinheit weder theoretisch berechtigt, noch praktisch anwendbar. Eine Aufhebung der Privat-Concurse für sich im Wege des Prozesses zunächst scheint uns — trotz des unleugbaren Bedürfnisses bei Widerspruch eines Gesellschafters gegen die Anzeige des andern von der Zahlungseinstellung —[107]) nicht zulässig. Nachdem das Gesetz einmal die Zahlungseinstellung (Insufficienz) der Gesellschafter ohne Weiteres an die Zahlungseinstellung der Gesellschaft anknüpft, läßt sich dieselbe nicht mehr widerlegen.[108]) Auch die Nichtexistenz der Handelsgesellschaft läßt sich wohl nur in dem gegen den Gesellschaftsconcurs gerichteten Aufhebungsverfahren ausführen, wenngleich deren Existenz ebenso Bedingung der gleichzeitig eröffneten Privatconcurse ist. Der Einfluß einer Einwilligung der Privatgläubiger und der Gesellschaftsgläubiger in die Aufhebung des Privatconcurses steht mehr auf gleichem Boden mit dem Akkorde. Ja, diese Einwilligung liefert insofern noch einen stärkeren Aufhebungsgrund, als die Privatgläu-

---

das Privat-Vermögen der Gesellschafter einzustellen, wenn dieselben nur in Folge des Concurses über das Vermögen der Handels-Gesellschaft eröffnet worden sind, und nicht ihre Fortstellung wegen Ueberschuldung des Privat-Vermögens nöthig ist."

105) Vgl. Entw. z. H.-G.-B. Art. 937. 938; der abgekürzte Entw. enthält auch solche Bestimmungen nicht.

106) So § 52 der Min.-Instr.

107) Goltdammer S. 445 u. die dort all. Stelle aus Pardessus.

108) v. Hahn (S. 300) nimmt dagegen an, daß der solvente Gesellschafter die Aufhebung seines Concurses verlangen könne, aber nur gegen Bestellung genügender Sicherheit für Zahlung desjenigen Betrages, für welchen die Gesellschafts-Gläubiger in dem Gesellschafts-Concurse nicht befriedigt werden. Wo ist der gesetzliche Cautionstitel?

biger bei dem Akkorde über das Gesellschafts-Vermögen nicht betheiligt sein können, da sie an dem Gesellschaftsconcurse nicht Theil nehmen (§ 288 C.-O.). Ob aber auch die Einwilligung der Gesellschaftsgläubiger in die Aufhebung des Gesellschaftsconcurses ohne Weiteres die Privatconcurse beendigt,[109]) ist fraglich. Es können Fälle vorliegen, wo auch die Gesellschafts-Gläubiger an der Fortsetzung der Privatconcurse Interesse haben, während ihnen der Gesellschaftsconcurs (wegen der Existenz bevorrechteter Gläubiger oder sonst) keine Befriedigung in Aussicht stellt. Daß die Schluß-Vertheilung der Masse im Gesellschaftsconcurse nicht die Privatconcurse beendigt, ist ohne Weiteres klar.[110]) Wie für jeden Concurs, wenn dessen Aufhebung bezweckt wird (§ 124), ein besonderes Aufhebungsverfahren erforderlich ist (wodurch freilich eine Cumulation nicht ausgeschlossen wird), so bedarf es für jeden Privatconcurs besonderer materieller Beendigungsgründe. U. E. liegt eine solche Trennung der gleichzeitig eröffneten Concurse hinsichtlich ihrer Dauer durchaus nicht im Zwiespalt mit ihrer Zusammengehörigkeit hinsichtlich der Entstehung. Im Gegentheil fordert die Zulassung verschiedener Concurse mit verschiedenen Gläubigerkreisen principiell eher, daß jeder Concurs demnächst seinem eigenen naturgemäßen Verlauf überlassen werde. —

Wir haben bisher nur von der offenen Handelsgesellschaft geredet. Nur diese hatten die §§ 286 ff. der Conc.-Ordnung im Auge.[111]) Die Commandit- oder (damals gleichbedeutend) stille Gesellschaft war der Gesetzgebung nur in ihren Anfängen bekannt. (§ 651. 652 II, 8 A.-L.-R.) Der Commanditist wurde wesentlich

---

109) So der Note 87 all. Auff. S. 139.

110) Vgl. Min.-Instr. § 53. Abs. 2. — v. Hahn S. 305 will sogar erst nach Beendigung des Gesellschafts-Concurses den Gesellschafts-Gläubiger zur Geltendmachung seiner Forderung in dem Privat-Concurse zulassen. Vgl. dagegen § 288. Abs. 2 C.-O. („gleichzeitig“). Goltdammer S. 447 fgde., Wentzel u. Klose S. 385. Tauchnitz a. a. O. S. 104 fgde.

111) Auch d. Entw. z. H.-G.-B. Art. 934 fgde. spricht schlechthin von der „Handelsgesellschaft“, der abgekürzte Entw. (Art. 27 fgde.) neben der offenen auch von der Commandit-Gesellschaft; der Oesterr. Entw. einer Conc.-O. § 198 nennt neben diesen beiden noch die Comm.-Ges. auf Actien; der Sächs. Entw. § 253 ff. spricht wiederum bloß von der „Handelsgesellschaft“.

als Gläubiger behandelt.[112]) Erst durch das H.-G.-B. haben die verschiedenen Formen der Handelsgesellschaft gesetzliche Anerkennung und damit der concursrechtliche Begriff der Handelsgesellschaft weitere Ausdehnung gewonnen. In viel geringerem Maaße nun, als bei der offenen Gesellschaft, besteht bei der Commandit- und Commandit-Actien-Gesellschaft ein Zusammenhang des Gesellschaftsvermögens und des Privatvermögens der Socien. Weit augenfälliger ist bei diesen Formen die wirthschaftliche Selbstständigkeit der Gesellschaft, welche den Uebergang zu einer der juristischen Persönlichkeit nahe kommenden getrennten Rechtssphäre zu erleichtern geeignet ist. Gerade in dem besonderen Concurse aber äußert sich diese Getrenntheit der Rechtssphäre sehr deutlich. Die Gesetzgebung konnte demnach nicht umhin, das, was sie bereits den offenen Gesellschaften zugestanden, auch auf die mit limitirter Haft arbeitenden Gesellschaften zu erweitern. Der Art. 169 d. H.-G.-B. erklärt denn auch ausdrücklich die auf das Absonderungsrecht der Gesellschaftsgläubiger, die Beschränkung des Angriffs der Privatgläubiger und den (besonderen) Concurs der Gesellschaft bezüglichen Art. 119—122 für anwendbar bei der Commandit-Gesellschaft, und Art. 170 läßt sogar durch den Concurs eines Commanditisten die Auflösung der Gesellschaft herbeiführen. Weniger tiefgreifend wirkt der Concurs bei der Commandit-Gesellschaft auf Actien, weil hier der einzelne Commanditist mehr zurücktritt. Indessen ist der besondere Gesellschaftsconcurs stillschweigend anerkannt (Art. 200—202). Das Einf.-Ges. vom 24. Juni 1861 erwähnt in dem für das Gebiet des gemeinen Rechts bestimmten Art. 36 die Commandit-Gesellschaft und die Commandit-Gesellschaft auf Actien als Unterarten der Handelsgesellschaft, über deren Vermögen unter den gewöhnlichen Bedingungen und bei Zahlungseinstellung der Gesellschaftsconcurs zu eröffnen. Für die übrigen Landestheile ist die Anwendung der §§ 286 ff. C.-O. auf jene Unterarten der Jurisprudenz überlassen. Es ist fraglich, ob es in dieser Beziehung nicht

---

112) Goltdammer S. 446. Primker, Verhandlungen des ersten Deutschen Juristentages (1860) S. 72 fgde.

ausdrücklicher Bestimmungen bedarf.[113]) Zwar daß nur über das Privatvermögen der **persönlich** haftenden Gesellschafter gleichzeitig Concurs zu eröffnen (Art. 36 Abs. 3 des E.=G.) ist ohne Zweifel. Aber das Verhältniß der Commanditisten beim Concurse der Gesellschaft kann vielfach zu Bedenken Anlaß geben, auf deren nähere Ausführung bei dem engen Zusammenhang mit dem Gesellschaftsrecht hier verzichtet werden muß.

Die besonderen Vorschriften der Concursordnung über den Concurs der **Actiengesellschaft** (§ 281—285), bei welcher die Frage über das Verhältniß des Concurses der Gesellschaft zu dem der Gesellschafter gar nicht aufgeworfen werden kann,[114]) sind bereits durch das H.=G.=B. (Art. 240) und das Einf.=Ges. zum H.=G.=B. (Art. 12 § 8. 9) ergänzt.[115]) Falls die landesherrliche Genehmigung für die Errichtung fällt, werden die Garantieen des Publikums gegen Täuschungen bezüglich der Zahlungsfähigkeit vielleicht noch vermehrt werden müssen.[116])

Ein neues Gebiet für den Gesellschaftsconcurs hat sich durch die gesetzliche Anerkennung des Instituts der **Erwerbs- und Wirthschafts-Genossenschaften**[117]) eröffnet. In den bezüg-

---

113) Solche enthält für die **Elbherzogthümer** d. V. v. 5. Juli 1867 § 35. Daß die Eintragung der Concurseröffnung über eine Handelsgesellschaft, „**sei diese eine offene Ges., eine Comm.=Ges., eine Comm.=Ges. auf Actien oder eine Actien=Ges.**", in das Handelsregister von Amtswegen erfolgen soll, verordnet Art. 10 des Einf.=Ges. z. H.=G.=B., § 37 der all. Verordng.

114) **Endemann** a. a. O. S. 313. **Renaud** a. a. O. S. 691 fgde.

115) Die Bestimmungen des Einf.=Ges. beziehen sich nur auf die Handels-Actien=Ges. (Art. 32 d. Einf.=Ges. z. H.=G.=B.). Durch das Ges. v. 15. Febr. 1864 (G.=S. S. 57) sind dieselben jedoch, sowie Art. 240 d. H.=G.=B., auf andere Actien=Ges. ausgedehnt.

116) Eine Erwägung wenigstens werden auch die Vorschriften des **Sächs.** Entw. verdienen, welche die Geltendmachung der Ansprüche von Papieren auf den Inhaber im Concurse der ausstellenden Gesellschaft erleichtern (§§ 259 bis 264. Vgl. Mot. S. 807 fgde.).

117) Vgl. über dasselbe **Goldschmidt**, Handbuch d. H.=R. I. S. 399. 415. 424. 426. 465, **Endemann** S. 157 Note 6, **Renaud** a. a. O. S. 337 u. **meine** Bemerkung dazu, das. Bd. 16. S. 325 fgde., sowie **meine** Aufsätze in Busch's Arch. Bd. 5. S. 46 fgde., 60 fgde., 8. S. 350 fgde., 10. S. 1 fgde., 295 fgde., 11. S. 405 fgde.

lichen Gesetzen[118]) sind einzelne Fehlgriffe der Concursordnung glücklich vermieden. Das dem Handelsgesellschaftsrecht angehörige Institut der Liquidation ist aufgenommen; aber nicht an deren Beendigung (wie in § 281. 286 C.-O.) ist die Concurseröffnung geknüpft. Den Liquidatoren ist nur vorgeschrieben, wenn die Bilanz Insufficienz ergiebt, und nicht rechtzeitig Deckung des Ausfalles erfolgt, die Concurseröffnung zu beantragen. Außer diesem Falle wird der Concurs nur bei Zahlungseinstellung der Genossenschaft eröffnet, gleichviel, ob dieselbe vor oder nach der Auflösung erfolgt. Soweit sich der beschränkende Zusatz „insofern die Liquidation und Vertheilung des Gesellschaftsvermögens nicht beendigt ist" nicht aus der Natur der Sache ergiebt, d. h. soweit die erfolgte Vertheilung des Gesellschaftsvermögens nicht die letzten Reste des äußerlich fortbestehenden Zusammenhangs der aufgelösten Genossenschaft und damit die Möglichkeit einer Zahlungseinstellung der Genossenschaft beseitigt, hängt die Concurseröffnung lediglich von der Zahlungseinstellung ab.[119]) Trotz der Solidarhaft der Genossen zieht der Concurs über das Genossenschaftsvermögen nicht den über das Privatvermögen der einzelnen Genossenschafter nach sich.

Die Revision der Concursordnung wird diese Abweichungen zu beachten haben.

IV. Befriedigung der Real-Gläubiger.

Diese Materie gehört mehr dem Subhastations- und Hypothekenrecht an, welches schon seit längerer Zeit in einer gewissen Gährung begriffen ist. Nicht ein Kampf um einzelne Vorschriften oder Institute ist es dort, welcher die Geister bewegt; man streitet um Principien und erstrebt eine Neugestaltung von Grund aus, welche vielleicht nicht mehr lange ausbleibt. Die Bedürfnisse und

118) Preuß. Ges. v. 27. März 1867 (G.-S. S. 501), eingeführt in die neuen Landestheile durch V. v. 12. Juli, 12. August u. 12. Sept. 1867 (G.-S. S. 1189, 1449, 1634) und das auf demselben beruhende Bundes-Ges. v. 4. Juli 1868 (B.-G.-Bl. S. 415).

119) Das bloße Allegat von § 281. No. 2 d. C.-O. in § 50 d. Preuß. Gen.-Ges. enthält keine Wiederholung der Beschränkung.

Wünsche, welche auf dem hier vorliegenden Gebiet hervorgetreten sind, werden daher im Allgemeinen nur im Zusammenhang mit den Principien einer neuen Subhastations- und Hypothekenordnung vollständig gewürdigt werden können. Einige Punkte indessen von mehr vereinzelter Stellung, bei welchen die Concursordnung, wenngleich an Elemente des bisherigen Rechts anknüpfend, neue Rechtssätze von sehr bestrittenem Werthe geschaffen hat, sind auch hier wenigstens einer vorläufigen Erörterung fähig.

Zu diesen gehört zunächst die sogenannte Correal-Hypothek (§§ 56. 395). Das System der Concursordnung hat anscheinend, im Vergleich namentlich mit dem des französischen Rechts (code civil art. 2129), welches das Wahlrecht des Gläubigers, sich an jedes der conjunctim verhafteten Grundstücke zu halten, ohne jedes Moderamen für die Nachhypotheken frei gewähren läßt, eine gewisse Billigkeit für sich. In Ermangelung eines klaren juristischen Prinzips aber[120]) hat dasselbe in der Praxis zu zahlreichen Zweifeln geführt[121]) und eine beklagenswerthe Rechtsunsicherheit hervorgerufen, welcher die Gesetzgebung ein Ende zu machen berufen ist. Es ist richtig, daß, was für den Concurs gilt, consequenter Weise für die gewöhnliche Subhastation außerhalb des Concurses nicht außer Anwendung bleiben darf.[122]) Was aber dort bei gleichzeitiger Veräußerung mehrerer Grundstücke desselben Besitzers mehr als eine bloße Rechnungs-Procedur erscheint, verliert bei der Ausdehnung auf Grundstücke verschiedener Besitzer und auf Subhastationen, welche der Zeit nach weit auseinander liegen,[123]) allen sicheren juristischen Boden. Die angemessene Berücksichtigung der Nachhypotheken scheitert einfach an dem Mangel eines passenden Ausgleichungsprinzips. Daß weder die Taxen,[124]) noch die Kauf-

---

120) Vgl. besonders v. Daniels, Preuß. Civilrecht II. (1866) S. 225 fgde.

121) Siehe zuletzt Hinschius Pr. Anwalts-Zeitung Jahrg. 1866 S. 193 fgde., 209 fgde., 225 fgde., u. Koch Comm. z. C.-O. S. 71 fgde., 290 fgde.

122) So bereits die ältere Praxis (auf Grund der §§ 521—523. I. 50 A. G.-O.): Pr. 2570 d. Obertrib. v. 9. Novbr. 1854 — Entsch. Bd. 29 S. 463.

123) Erk. d. Obertr. v. 8. October 1861 — Striethorst Archiv Bd. 41. S. 29 — u. v. 22. April 1864 — Entsch. Bd. 52. S. 440.

124) Auf Beseitigung der Subhastationstaxe dringt ohnehin eine communis opinio. Auch der Grundsteuer-Reinertrag oder sachverständiges Gutachten (siehe Lette, Das landwirthschaftliche Credit- u. Hypothekenwesen. Berlin 1868. S. 60) würde wenig helfen.

preise[125]) in dieser Beziehung ausreichen, liegt auf der Hand und ist bereits vielfach ausgeführt.[126]) Ohnehin wird das Recht der postlocirten Gläubiger häufig dadurch illusorisch, daß der prälocirte Gläubiger seinem (Correal=) Hypothekenrecht entsagt.[127]) Man hat u. E. nur die Wahl zwischen jenem einfachen französischen System,[128]) welches allerdings in gewisser Weise das Spezialitäts=Prinzip und damit die Sicherheit des Verkehrs beeinträchtigt, oder der gesetzlichen Forderung, daß das Haftungs=Verhältniß von vorn herein in bestimmter Summe angegeben werde[129]) — wodurch der Freiheit des Verkehrs freilich eine Fessel angelegt wird. Je mehr in neuerer Zeit die selbstständige Real=Obligation an Boden gewinnt, desto eher wird man sich vielleicht für das letztere System entschließen, obwohl alsdann Modificationen für Parcellirungen und Wandeläcker kaum zu vermeiden sein möchten.[130]) Behält man indessen auch den Grundsatz der Concurs=Ordnung bei, so wird wenigstens die officielle Eintragung des „Regreßanspruchs" der nachstehenden Gläubiger (§ 56 Ziffer 3 Satz 3) fallen können. Die Motive (S. 49) bemerken dazu, daß die Eintragung zur Sicherung

---

125) So schon die A. G.=O. I. 50. § 521, ohne zu beachten, daß auch ein Gesammtpreis erzielt werden kann.

126) Vgl. namentlich die Motive zum Entwurf eines Gesetzes über das Hypothekenwesen. Berlin 1864. (Decker.) S. 64 fgde.

127) Motive (Note 126) S. 66.

128) Demselben folgen der 1860/61 in das Abg.=Haus eingebrachte Ges.=Entwurf von Conrad u. Gen. § 20 (Deutsche Ger.=Ztg. 1861 S. 327) und das Hypothekengesetz für Neuvorpommern und Rügen vom 21. März 1868 § 80. 83. No. 2. (Ges.=S. S. 293).

129) In dieser Richtung bewegen sich die meisten, allerdings untereinander mehr oder weniger abweichenden Reformvorschläge — § 29 des Note 126 citirten Entw. von 1864 — ferner Juristentags=Verhandlungen II. Bd. 1., S. 232. No. 9 (Bornemann), S. 233. No. 7 (Meyer); III. Bd. 2., S. 193. No. 5 (Horn).

130) Solche hält auch der Note 126 citirte Entwurf für erforderlich, §§ 29. 32. 33. Vgl. Motive S. 68 fgde. Diejenigen Gesetzgebungen, welche die Correalhypotheken überhaupt ausschließen, wie die Mecklenburger ritterschaftliche und Domanial=Hypothekenordnungen, müssen consequent auch die Abtrennungen an die Einwilligung der Realgläubiger, welche nur eventuell gerichtlich supplirt werden kann, knüpfen. So § 129 des Note 128 all. Hyp.=Ges. Dagegen Silberschlag bei Hinschius Zeitschrift II. S. 432.

der ausgefallenen Gläubiger und zur Darlegung des wirklichen Hypotheken-Zustandes diene, und der Commissionsbericht der 2. Kammer fügt hinzu, daß dadurch der Richter, welcher die späteren Kaufgelderverteilungen vornehme, in die Lage gesetzt werde, aus dem Hypothekenbuche ersehen zu können, welche bei einem anderen Grundstücke ausgefallene Gläubiger er zu berücksichtigen habe.[131]) Allein mit Recht ist hiergegen bereits geltend gemacht,[132]) daß die Gläubiger dadurch, daß die Löschung der getilgten Post auf den ungetilgten Grundstücken nicht erfolgt, bereits gesichert seien, und das Hypothekenbuch nicht die Aufgabe habe, den wirklichen Hypothekenzustand klar zu legen. Denn die Verpflichtung zur Löschung von Amtswegen bezieht sich nur auf das subhastirte Grundstück (§ 400 C.-O.). Nun würde allerdings der (eingetragene Inhaber der getilgten Hypothek und der) Besitzer der unverkauften Grundstücke an sich ein Recht haben, auf Löschung zu bestehen (Löschungs-Titel), und dieses Recht wird allerdings erst durch Eintragung des gesetzlichen Anrechts der ausgefallenen Gläubiger beseitigt. Nur insofern läßt sich (mit dem gedachten Commissionsbericht) sagen, die Eintragung von Amtswegen drücke aus, daß die Correal-Hypothek auf dem unverkauften Grundstücke nicht gelöscht werden solle. Indessen kann man u. E. die Geltendmachung jenes Rechts der ausgefallenen Gläubiger füglich diesen Interessenten selbst überlassen, wie man die Eintragung von Cessionen und Abschlagszahlungen den Betheiligten überläßt. Haben sie davon keinen Gebrauch gemacht, und ist in Folge dessen die Löschung veranlaßt, oder bei Subhastation des Grundstücks die Kaufgeldervertheilung ohne Berücksichtigung ihres Anrechts bewirkt, so haben sie sich diesen Nachtheil selbst beizumessen. Durch eine solche der Tendenz des neueren Hypothekenrechts[133]) entsprechende Behandlung wird gleichzeitig die Bedeutung ihres Rechts im Sinne eines gesetzlichen Hypotheken-Titels am Orte der Correal-Hypothek bestimmt, hauptsächlich aber der praktische Vortheil erreicht, daß das Hypothekenbuch von einer Menge vielleicht völlig werth-

---

131) Gollbammer S. 161.

132) Koch S. 73. Note 11a.

133) Vgl. z. B. § 28 d. Hyp.-Novelle vom 24. Mai 1853.

loser, selbst bei der Theorie des Obertribunals[134]) schwer zu beseitigender Eintragungen frei bleibt. Das Interesse der Gläubiger ist hier der beste Regulator.[135]) Freilich kann man von einer in diesem Sinne vorzunehmenden Aenderung des Gesetzes dahin, daß der Anspruch der ausgefallenen Gläubiger auf deren Antrag nach jeder früheren Kaufgeldervertheilung in das Hypothekenbuch der übrigen Grundstücke bei der Forderung einzutragen sei, keine Radikal-Kur erwarten, und es ist sehr fraglich, ob nicht die letztere erforderlich. Zu dieser ist aber eine Novelle zur Concurs-Ordnung schwerlich der rechte Ort.

Ein anderer Punkt ist die „Berichtigung" der Hypothekenforderungen (bei nothwendiger Subhastation) „durch Uebereignung eines entsprechenden Betrages von dem etwa verbleibenden Kaufgelderrückstande" (§ 388 Abs. 2 C.-O.). Man kann bei der Fassung des Gesetzes (§ 399: „durch Uebereignung des Kaufgelderrückstandes getilgt") nicht umhin, de lege lata die Ansicht des Obertribunals[136]) zu billigen, wonach jene Uebereignung, wie die Zahlung, den Untergang des persönlichen Forderungsrechts bewirkt. Aber troß der Vertheidigung des Grundsatzes Seitens eines hervorragenden Rechtslehrers[137]) scheint uns derselbe in hohem Maße bedenklich. Wer aus Erfahrung weiß, wie oft, zumal bei den laxen Vorschriften über die Bietungs-Kaution, der Anspruch auf den Kaufgelderrückstand bei der Resubhastation

134) Erk. v. 9. Juli 1859 — Striethorst Arch. Bd. 34. S. 168, — v. 13. Mai 1861 — ib. Bd. 42. S. 75 — u. v. 27. Mai 1864 — Entsch. Bd. 51. S. 454. Vgl. auch Förster a. a. O. III. S. 405.

135) Der Sächsische Entw. einer Civilproceß-Ordnung § 1154. No. 3, auf welchen der Entw. einer Concurs-Ordnung § 57 verweist, hat zwar die Eintragung des (als durch Cession des ursprünglichen Gläubigers erlangt, charakterisirten) Anspruchs der ausgefallenen Gläubiger aufgenommen, wie umgekehrt der Preußische Entwurf einer Civilproceß-Ordnung (1864) bei Gelegenheit der Subhastation auf die für den Concurs geltenden Vorschriften Bezug nimmt (§ 1252). Besondere Erwägungen über den vorliegenden Punct scheinen jedoch nicht angestellt zu sein. Vgl. Sächs. Mot. z. Civ.-Proc.-O. S. 670: „Die Preuß. Conc.-O. habe das Verhältniß sachgemäß geordnet"; die Sächs. Mot. z. C.-O. S. 775 u. die Preuß. Mot. z. Civ.-P.-O. S. 298 schweigen.

136) Erk. v. 5. Juni 1863 — Entsch. Bd. 49. S. 399 — s. m. Beurth. D. Ger.-Ztg. 1864 S. 44.

137) Koch a. a. O. S. 285. Anm. 29, 2.

ausfällt, ja, sich auch nach seiner persönlichen Seite hin als völlig werthlos erweist, dem muß es als eine Härte erscheinen, wenn dem Hypotheken-Gläubiger ein solcher Anspruch ohne Weiteres an Stelle seiner persönlichen Forderung aufgenöthigt wird (falls er nicht auf sein Hypothekenrecht sogleich verzichten will). Innere juristische Gründe lassen recht wohl auch eine andere Gestaltung des Verhältnisses zu. Mögen immerhin die Hypothekengläubiger, selbst soweit sie nicht Extrahenten oder Adhärenten der Subhastation sind, als Verkäufer anzusehen sein, so sind sie es doch nur kraft einer nothwendigen Stellvertretung des Gutseigenthümers. Man darf sich also, ohne mit Rechtsgrundsätzen in Conflict zu gerathen, denjenigen Rechtsact, kraft dessen an Stelle der ursprünglichen Hypothek ein entsprechender Theil des Kaufgelder-Rückstandes tritt, als von dem Pfandschuldner ausgehend denken. In demselben Sinne, als von einer Uebereignung (Cession), kann auch von einer Ueberweisung (Anweisung) der Kaufgelder-Forderung geredet werden. Alsdann erscheint bezüglich des persönlichen Forderungsrechts die Ueberweisung des Kaufgelderrückstandes als ein bloßer Einziehungsversuch, nicht als eine wider Willen des Gläubigers vollzogene datio in solutum. Nur das Erstere ist naturgemäß. Das dingliche Hypothekenrecht freilich geht durch den Verkauf des Pfandes unter. Aber man kann Niemand zwingen, für eine Forderung eine andere werthlose oder bedenkliche an Zahlungsstatt anzunehmen. Der ausfallende Gläubiger würde sonst unter Umständen besser gestellt sein, als der zur Hebung gelangende. Die Rückkehr zu dem älteren Recht [138]) ist deshalb eine mit Recht verbreitete Forderung, welche man häufig selbst mit Hülfe einer u. E. ungerechtfertigten Auslegung des bestehenden Rechts durchzusetzen sucht.

Zu vielen Streitigkeiten[139]) hat endlich die Bestimmung Anlaß gegeben, wonach den im Kaufgelderbelegungstermin ausbleibenden eingetragenen Gläubigern außer den Kapitalbeträgen und den

---

138) Erk. d. Obertrib. v. 4. November 1856 — Entsch. Bd. 34. S. 134. Dagegen freilich Koch a. a. O.

139) v. Roenne Ergänzungen. 5. Ausg. Bd. 3. S. 607. Auch der Cedent soll berücksichtigt werden, wenn er die Zinsrückstände nicht ausdrücklich mitcedirt hat. — Erk. d. Obertrib. v. 5. April 1861 — Striethorst Arch. Bd. 41. S. 146.

laufenden Zinsen und Prästationen auch die Rückstände aus den letzten 2 Jahren (vor dem letzten der Beschlagnahme der Revenuen oder Einleitung der Sequestration, eventuell der Concurseröffnung oder früher verfügten nothwendigen Subhastation vorangegangenen Fälligkeitstermine — § 59. C.=O.) bei der Vertheilung berechnet werden sollen (§ 390. Abs. 1. C.=O.). U. E. liegt hierin eine zuweit gehende Ausdehnung des Officialprinzips. Wenn das Gesetz den zweijährigen Rückständen das Vorrecht des Kapitals bewilligt oder vielmehr im Interesse des Realcredits das dingliche Recht der Rückstände (bei Insufficienz der Masse) auf die zweijährigen beschränkt hat (§ 52 Nr. 2, § 54 Nr. 3 C.=O.), so folgt daraus nicht, daß eine gesetzliche Vermuthung gerechtfertigt ist, wonach diese Rückstände noch unbezahlt sind, und noch weniger daß hinsichtlich derselben der Richter sich als Geschäftsführer des Hypotheken-Gläubigers zu geriren habe. Daß laufende Zinsen bereits berichtigt seien, läßt sich allerdings nicht vermuthen, da erfahrungsmäßig die Zinszahlungen erst postnumerando nach eingetretener Fälligkeit geleistet werden. Dagegen darf das Gesetz annehmen, daß der ausbleibende Gläubiger, welcher nicht (schriftlich vor dem Termine) Zinsenrückstände ausdrücklich liquidirt hat, ebenso wie der erschienene, nicht liquidirende Gläubiger,[140]) solche Rückstände nicht zu fordern habe. Die Analogie der Kosten (§§ 54 Nr. 1, 390 Alinea 2) ist u. E. hier vollkommen zutreffend. Die Motive des Entwurfs zur Concurs-Ordnung heben mit Recht hervor, daß die vorangegangene Bekanntmachung der Subhastation und des Vertheilungstermins dem Gläubiger hinreichende Veranlassung gegeben habe, seine Rechte geltend zu machen. Die dagegen von der Commission der 2. Kammer[141]) herangezogene Analogie des Kapitals[142]) paßt nicht, weil die Bezahlung der rückständigen Zinsen regelmäßig periodisch aus den Revenuen erfolgt. Die Rückzahlung des Kapitals ist sicherlich ungewöhnlicher, als die Abführung fälliger Zinsraten. Dasselbe aber gilt von den „anderen Prästationen (§§ 51. 52).

---

140) Entsch. d. Obertrib. Bd. 46. S. 376.

141) Goltdammer S. 510. 511.

142) Hinzuzufügen ist: und der laufenden Zinsen.

Denn wenngleich diese gewißermaßen selbst die Substanz der Forderung darstellen, so haben sie doch in ihrer Periodicität unverkennbare Aehnlichkeit mit den Zinsen. — In der bei Weitem größeren Mehrzahl der Fälle wird der Ausbleibende wegen der Rückstände befriedigt sein. Wird nun von Amtswegen für einen solchen befriedigten Gläubiger liquidirt, wobei noch der Begriff des Ausbleibens Schwierigkeiten macht, so sind die Weitläufigkeiten und Kosten (§ 405 fgde C.-O.) und schließlich eine Fortsetzung des Vertheilungs-Verfahrens die Folge. § 390 der C.-O. dürfte demnach dahin abzuändern sein:

> „Den im Termin ausbleibenden[143]) Gläubigern werden außer den Kapitalbeträgen vorläufig die laufenden Hypothekenzinsen oder anderen Prästationen (§ 52 Nr. 1, § 54 Nr. 2, § 59) bei der Vertheilung berechnet.
>
> Auf Kosten und Rückstände von Hypothekenzinsen oder anderen Prästationen für die beiden letzten Jahre (§ 52 Nr. 2, § 54 Nr. 3, § 59), welche nicht wenigstens schriftlich vor dem Termine liquidirt worden sind,[144]) wird keine Rücksicht genommen."

V. Rangordnung der Concursgläubiger.

Die Concurs-Ordnung hat bekanntlich das verwickelte, wesentlich auf dem gemeinen Recht beruhende Vorrechtssystem der Allg. Ger.-Ord. erheblich vereinfacht. Als Grundregel gilt der Satz, daß allen Forderungen gleiche Stärke beiwohnt und deshalb der Anspruch zukommt, bei eintretender Unzulänglichkeit der Befriedigungsmittel im Falle der Concurrenz mehrerer Gläubiger je nach Verhältniß der Forderungsbeträge gleichmäßig berichtigt zu werden. Vorrechte einzelner Gläubiger, welche immer zugleich anderen Gläu-

---

143) Ist der gegenwärtige Gläubiger unbekannt oder nicht gehörig legitimirt, so gilt er als ausbleibend. — Gruchot Beiträge zur Erl. des Preuß. Rechts. Jahrgang VI. S. 38 fgde.

144) Die Zulassung schriftlicher Liquidation für Abwesende empfiehlt sich aus Zweckmäßigkeitsgründen. Auch der (übrigens unvollständige) § 25 des Gesetz-Entwurfs von Conrad u. Gen., betreffend die Abänderung der Subhastations-Ordnung, will nur schriftlich liquidirte Zinsenrückstände berechnen — Deutsche Gerichts-Zeitung 1861 S. 54. — Vgl. darüber meine Beurtheilung ebendas. S. 315.

digern zum Nachtheil gereichen, wollte man nur aus allgemeinen Rücksichten auf das öffentliche Wohl und auf besondere Schutzbedürftigkeit einzelner Rechtsverhältuisse im Interesse der Rechtsordnung zu lassen, überall aber nur unter der Voraussetzung, daß der Berechtigte Nichts unterlassen habe, was er unter den obwaltenden Verhältnissen zur Sicheruug seiner Befriedigung selbst hätte thun können.[145]) Das Vorrechtssystem der Concurs-Ordnung ist ein durchaus gemäßigtes, und es würde als ein Fortschritt der Rechtsentwickelung betrachtet werden können, wenn sich ganz Deutschland dasselbe aneignete. Daß das Hinderniß, wovor man noch bei der Vorbereitung des Handelsgesetzbuchs zurückschreckte — der Zusammenhang mit dem Pfandrecht —[146]) kein unüberwindliches ist, hat das Beispiel Preußens gezeigt, welches keinen Anstand genommen hat, die gesetzliche Rangordnung der Concurs-Ordnung in die gemeinrechtlichen Gebiete einzuführen.[147]) Dennoch ist nicht zu leugnen, daß diese Rangordnung mancher Verbesserung fähig ist. Dem ersten großen Schritte wird ein weiterer folgen können.

1. Fiscus und andere juristische Personen.

Nich ohne Grund zunächst richten sich Angriffe gegen das von Alters her[148]) angefochtene System fiscalischer Vorrechte. Der

---

[145]) Goltdammer S. 10 fgde. 177 fgde. Eine sehr vereinfachte Vorrechts-Ordnung, bei welcher der Einfluß der Concurs-Ordnung unverkennbar ist, haben auch der Sächsische Entw. §§ 61—69 u. der Oesterr. Entw. §§ 41—47; complicirter noch das Hannöversche Gesetz, das Pfandrecht und die Befriedigung der Gläubiger im Concurse betreffend, vom 14. December 1864 (Ges.-Sammlung für Hannover Nr. 46) § 59 fgde., sowie das Nassauische Vorrechtsgesetz vom 15. Mai 1851 (Verordnungsblatt S. 81 fgde.). Aber die Vertreter des Handelsstandes verlangen fast radicale Beseitigung der Vorrechte — s. den Plauener Comm.-Ber. S. 33 fgde. u. Verh. S. 9 fgde. (vgl. Note 18).

[146]) Entw. z. H.-G.-B. Art. 737. Motive S. 405 fgde. Auch der abgekürzte Entw. bestimmt nichts über die Vorrechts-Ordnung (abgesehen von der Wirkung der Concurseröffnung auf die Vorrechte überhaupt, Art. 18).

[147]) Vgl. die Note 27 allegirten Gesetze. Die älteren General- und Spezial-Hypotheken sind auf ein Vorzugsrecht reducirt. Ueberhaupt ist eine gleichzeitige Modification des Pfand- und Hypothekenrechts allerdings unvermeidlich. Aber sollten nicht in dieser Beziehung in Deutschland gesunde Grundsätze auf allgemeine Anerkennung rechnen dürfen?

[148]) Gesetz-Rev. III. Pens. Mot. Bd. 2 (1829) S. 67 fgde.; Gans Beiträge zur Revision der Preuß. Gesetzgebung (Berlin 1830—1832) S. 303 fgde.

Gesichtspunkt, aus welchem dieselben aufgenommen sind, ist der des öffentlichen Wohls. Schon der Commissionsbericht der 2. Kammer bemerkt aber: Man könne gewiß mit großem Recht fragen, ob wirklich das öffentliche Wohl ein Vorrecht für den Fiscus verlange, und nicht vielmehr umgekehrt der Satz seine Geltung haben müsse, daß die Gesammtheit der Steuerpflichtigen eher und leichter, als der einzelne Gläubiger einen Verlust tragen könne. Nur weil die Regierung zu einer weiteren Einschränkung jener Vorrechte sich nicht verstehen wollte, ging die Commission auf eine Erörterung jener Frage nicht ein.[149]) Der Bericht der Vorsteher der Kaufmannschaft zu Stettin sub II. (s. Note 5) fordert Beseitigung der §§ 78. 79, welche wie folgt, lauten:

„§ 78. VI. Die nachstehenden Forderungen des Fiscus:

1. Die Forderungen wegen der dem Gemeinschuldner zur Last fallenden Defecte aus einer von demselben geführten Kassenverwaltung oder sonstigen Vermögensverwaltung; mit dem Fiscus haben die gerichtlichen Depositorien und die Hofkammer der Königlichen Familiengüter gleiche Rechte;
2. Die Forderungen aus den mit dem Gemeinschuldner geschlossenen Lieferungsverträgen;
3. Die Forderungen von Gebühren und Auslagen der Gerichte und Auseinandersetzungsbehörden."

„§ 79. VII. Die Ansprüche der Kommunal-, Kreis- und Provinzialverbände, der landschaftlichen Creditverbände, der Domkapitel, Kollegiatstifter, Klöster, Kirchen, Schulen und milden Stiftungen wegen der dem Gemeinschuldner zur Last fallenden Defecte aus einer von demselben geführten Verwaltung ihrer Kassen oder ihres sonstigen Vermögens".

In der That muß bezweifelt werden, daß die Aufrechthaltung dieser Privilegien durch überwiegende Rücksichten des öffentlichen Wohls geboten sei. Für fiscalische Vermögensverwaltungen ist das Cautionswesen gesetzlich ausgebildet. Gerade der Fiscus

149) Goltdammer S. 180. — Koch S. 79. Note 34, S. 84. Note 47. 48 beschuldigt die Concurs-Ordnung der Halbheit und verlangt namentlich Aufhebung der fiscalischen Privilegien.

kann sich, ohne irgend anzustoßen, bei seinen Geschäften genügende Deckung durch Pfand oder Bürgen beschaffen, wozu schon der ausgedehnte gesetzliche Pfandrechts-Titel (Art. XI. Nr. 1 des Einf.-Ges. vom 8. Mai 1855) den Weg zeigt. Soweit die Kautionen nicht ausreichen, ist der Staat eher, als Privatgläubiger, den Verlust zu tragen im Stande. Bei den Depositorien, für welche wegen des ausgedehnten Depositions-Zwanges Bedenken entstehen könnten, sind umfassende Vorsichtsmaßregeln gegen Veruntreuung getroffen. Die Hofkammern[150]) ferner werden weitere Rechte, als der Fiskus, nicht beanspruchen können. Das Gleiche gilt für die ebenfalls mit einem Pfandrechtstitel (Art. XI. Nr. 2. a. a. O.) ausgestatteten juristischen Personen (C.-O. § 79), bezüglich deren noch hinzutritt, daß Existenz und Umfang ihrer Ansprüche von dem creditgewährenden Publikum schwerer zu übersehen ist. — Auch für die in § 78 Nr. 2 der C.-O. bezeichneten Forderungen des Fiscus ist eine Schwierigkeit, im Voraus Deckung zu beschaffen, nicht anzuerkennen. Gerade bei Eingehung von Lieferungsverträgen darf, wie schon die Commission der 2. Kammer hervorhob,[151]) erwartet werden, daß Seitens des Fiscus auf Bestellung genügender Kautionen gesehen werde, wie dies von jedem vorsichtigen Geschäftsmann geschieht. Höchstens ist für dringende Fälle eine Ausnahme statthaft. Das Vorrecht würde aber alsdann etwa wie in Hannover[152]) auf solche Fälle ausdrücklich einzuschränken sein. — Für die Gebühren und Auslagen der Gerichte und Auseinandersetzungsbehörden (§ 78 Nr. 3) trifft allerdings die Analogie mit den Steuern zu, und eine gewisse Nachsicht bei der Beitreibung ist theils vorgeschrieben, theils herkömmlich. Jene Analogie müßte indessen zu einer Einschränkung auf Rückstände aus den letzten beiden Jahren führen.[153]) Ferner ist zu erwägen, daß

---

[150]) Die Fürstl. Hohenzollernsche Hofkammer ist der Königlichen durch Art. X. des Ges. v. 31. Mai 1860 gleichgestellt.

[151]) Goltdammer S. 187.

[152]) § 61 sub 2 des Note 145 citirten Ges.: „Forderungen der Kriegsverwaltung aus Lieferungsverträgen, die zur Zeit, wo die Armee auf Kriegsfuß und außerhalb Landes steht, abgeschlossen sind."

[153]) Schon diese 2jährige Frist ist sehr lang. Es fragt sich, ob nicht das Vorrecht der Abgaben (§ 73), wie bereits in der Begutachtungs-Commission und von der Commission der 2. Kammer angeregt ist (Goltdammer S. 181),

dem Fiscus hier nicht nur in der sofortigen executivischen Beitreibung überhaupt, sondern auch in der vorschußweisen Einziehung[154]) bedeutende Deckungsmittel zu Gebote stehen. Besondere Uebelstände treten bei der Geltendmachung des in Rede stehenden Vorrechts in der Exekutions-Instanz (außerhalb des Concurses) hervor, wenn durch den nachträglichen Beitritt der Salarienkasse zu der von einem Privatgläubiger extrahirten Mobiliar-Execution diesem die Früchte seiner Diligenz entzogen werden (§§ 362 ff. 368 C.-O.) Nicht selten wird beim Prioritätsverfahren und selbst bei Concursen der größte Theil der Masse durch Kosten und sogar durch alte Kosten-Reste erschöpft.

Eine weitere Einschränkung des fiscalischen Vorrechts scheint uns demnach nur eine Frage der Zeit. Die Tendenz der Rechtsentwickelung[155]) wird den etwaigen Widerstand der Finanz-Verwaltung über lang oder kurz überwinden, wie denn überhaupt das aus der römischen Kaiserzeit stammende Princip der Fiscalität im gan-

---

wenigstens für den ausnahmsweise einzelnen Gewerbtreibenden wegen indirecter Steuern gewährten Credit zu beseitigen sein möchte, dessen oft bedeutender Umfang sich vom Publicum nicht übersehen läßt. Vgl. den Plauener C.-B. S. 35.

154) Werden die Kosten vorweg vom Gegner eingezogen, so erscheint es als eine Unbilligkeit, daß das Gesetz der Erstattungsforderung desselben ein Vorrecht versagt, welches dem ursprünglichen Gläubiger (Fiscus) gewährt wird.

155) Auch der Sächsische Entw. hat, abgesehen von Steuern und Abgaben, auf jedes Vorrecht für fiscalische oder communale Forderungen verzichtet (§ 61—69), während der Oesterr. Entw. neben jenen ersteren noch „die Forderungen, welche der Staatsschatz gegen einen Beamten oder Diener aus dem Dienstverhältnisse anzusprechen hat," mit einem Vorrecht (der 2. Klasse) ausstattet (§§ 42. 43). Mehr dem Preuß. Recht nähert sich das Hannöversche Vorrechts-Gesetz §§ 59—63, jedoch ohne ein Vorrecht der Gerichtskosten. Dem Nassauischen Vorrechtsgesetz ist, abgesehen von laufenden Abgaben, ein fiscalisches Vorzugsrecht nicht bekannt. Auffallender Weise hat sich ein solches in sehr ausgedehnter Weise in 2 „Freistaaten" erhalten: Die Lübecker Conc.-Ordn. privilegirt alle Staatsforderungen mit Ausnahme von Strafgeldern (§ 104. No. 3), auch Gemeindeabgaben, Forderungen der Gemeinden, Kirchen und milden Stiftungen aus geführter Verwaltung (No. 3. 11. 12. das.). In den V. Staaten von Nordamerika gehen nach dem Ges. v. 2. März 1867 voran: 1) Concurskosten; 2) alle Forderungen der V. Staaten; 3) alle Forderungen des betreffenden Staats. — Nach Englischem Recht besteht dagegen ein Vorrecht der Krone nur wegen eines höchstens einjährigen Steuer-Rückstandes — Güterbock bei Goldschmidt Zeitschrift II. S. 289. —

zen Staatswesen im Schwinden begriffen ist. Von besonderer Dringlichkeit ist die Frage keinesfalls. Höchstens in Bezug auf die Kosten könnte eine baldige besondere Erledigung wegen jener auch von uns mehrfach in der Praxis bemerkten Benachtheiligung diligenter Gläubiger wünschenswerth sein. Fraudulose Concurrenten zu beseitigen, wird durch das ziemlich ausgedehnte Paulianische Rechtsmittel ermöglicht, wovon die Gerichtskassen häufig Gebrauch machen. Im Uebrigen kann das Weitere getrost dem Fortschritt der Rechtsbildung überlassen werden.

2. Ehefrauen.

Die alten übertriebenen Vorzugsrechte der Ehefrauen waren vor der Concursordnung von 1855 Gegenstand lebhafter Beschwerden. Nicht mit Unrecht gab man denselben eine empfindliche Schädigung des Verkehrs und Credits Schuld. Habe die Frau – machte man geltend — die Verwendung ihres Vermögens Seitens des Mannes geschehen lassen, so sei auf die Fonds, welche sich der Mann auf diese Weise beschafft habe, sein Credit mitgegründet; die Frau sei gewissermaßen stiller Gesellschafter des Mannes. Wenn dieselbe befugt sei, ihr Vermögen, mit welchem der Mann Geschäfte gemacht; im Falle der von ihr häufig mitverschuldeten Insolvenz des Mannes vorrechtlich zurückzunehmen, so enthalte dies eine Ungerechtigkeit gegen die Gläubiger, von welchen der Mann mit Hülfe jenes Vermögens Credit erlangt habe.[156]) In Annäherung an die beschränkenden Bestimmungen des französischen Rechts (code de comm. art. 545. 546. 551—554) hat denn auch die Concursordnung die Rechte der Ehefrau auf ein dem Bedürfnisse entsprechendes Maaß zurückzuführen gesucht. Der gesetzliche Pfandrechtstitel ist durch eine Frist für die Eintragung beschränkt (Einf.-Ges. vom 8. Mai 1855 Art. XII, v. 31 Mai 1860 Art. XIII, vom 3. Februar 1864 Art. XII). Die Vindication ist ausgeschlossen hinsichtlich aller Gegenstände, welche der Mann mit dem Vermögen der Frau auf seinen Namen erworben hat, und auch

156) Ges.-Revisor a. a. O. S. 76 fgde., Mot. bei Goltdammer S. 204; Wentzel u. Klose S. 31 fgde. 197 fgde.; Koch S. 96 fgde., Mot. d. Entw. z. H.-G.-B. S. 411 fgde., des abgek. Entw. S. 31.

bezüglich der auf den Namen der Frau erworbenen Gegenstände in der Richtung beschränkt, dem Manne die Möglichkeit zu verschließen, die Ehefrau wegen ihres eingebrachten Vermögens schon zu einer Zeit zu befriedigen oder besonders sicher zu stellen, wo dieselbe hierauf noch keinen gesetzlichen Anspruch hatte (§§ 88—90 der C.-O.).[157] In ähnlicher Weise ist auch der Erstattungsanspruch wegen geleisteter Zahlungen beschränkt (§ 92)[158]. Vorzeitige Befriedigung oder Sicherstellung der Ehefrau wegen des in die Verwaltung des Mannes gekommenen Vermögens ist überdies für anfechtbar erklärt (§ 103 Nr. 4). Die Befugniß, das Vermögen der Frau durch Vertrag für vorbehaltenes zu erklären, kann (der Gläubigerschaft des Mannes gegenüber) nur vor Vollziehung der Ehe, resp. innerhalb eines Jahres seit dem Erwerbe wirksam ausgeübt werden (§ 89. Al. 2. C.-O.).

Das nothwendige Complement zu diesen Vorschriften war die Beseitigung des **Vorrechts** der Ehefrauen. Die Begutachtungs-Commission von 1854, der Entwurf (von 1855) und die Commissionen **beider** Kammern waren denn auch in der vorliegenden Beziehung einig. Erst nachträglich ist dieses System durch Hinzufügung des zweiten Absatzes des § 80 modificirt.[159] Es ist dadurch ein fremdartiges Element in das Gesetz gerathen, welches die Harmonie des letzteren empfindlich stört. Das **Vorrecht der Ehefrauen von Nichtkaufleuten** paßt weder zu der **Allgemeinheit** der Beschränkungen der Vindication und des Pfandrechtstitels, noch ist

157) Ueber die franz. Quelle dieser Bestimmungen siehe den discours von **Treilhard** bei **Koch** S. 94 fgde. Mit Recht bemerkt **Koch** S. 98, daß durch die Erweiterungen, welche der Entwurf hier in den Commissionen der Kammern erfahren (namentlich durch die auch bei beweglichen Gegenständen gestattete Subrogation) — s. darüber **Goltdammer** S. 233 fgde. — das Princip des Entwurfs untergraben sei. Der Werth der in Rede stehenden, mit dem Ehegüterrecht nicht harmonirenden Vorschriften ist sehr fraglich. Der Entw. zum H.-G.-B. hat nur § 89. Abs. 1. aufgenommen (Art. 744. 745); der abgekürzte Entw. nicht einmal diese Bestimmung — wegen der Verschiedenheit der Güterrechte (s. Mot. S. 30).

158) So auch Art. 747 d. Entw. z. H.-G.-B.; der abgekürzte Entw. enthält eine gleiche Bestimmung nicht.

159) Das Nähere über den Hergang s. bei **Wentzel** u. **Klose** S. 193 fgde. **Goltdammer** S. 200 fgde.

seine Dauer gehörig (wie in § 81 bezüglich der Kinder und Pflegebefohlenen) begrenzt. Daß die diesem System zu Grunde liegende Unterscheidung zwischen Ehefrauen von Kaufleuten und von Nichtkaufleuten des inneren Grundes entbehrt, ist bereits von der Begutachtungs-Commission überzeugend ausgeführt.[160]) Es ist in der Natur des ehelichen Verhältnisses begründet, daß die Ehefrau das Schicksal des Mannes theilt. Das Rechtsgefühl wird verletzt und der Credit beeinträchtigt, wenn die Frau, welche die Vortheile des ihrem Ehemanne gewährten Credits genossen hat, sich den Nachtheilen entziehen kann und mit Hülfe ihres Vermögens vielleicht den Mann reichlich fortzuleben in den Stand setzt, während die Gläubiger leer ausgehen. Dazu tritt die unsichere Grenze des Handelsgewerbes[161]), der commercielle Charakter alles heutigen Verkehrs, welcher jenen Dualismus besonders bedenklich macht. Praktisch hat der letztere noch den Nachtheil, im Falle der Aufgabe des Handelsbetriebes einen gefährlichen Wechsel in dem Rechtsverhältniß der Ehefrau herbeizuführen.[162]) Ist heutzutage nicht mehr daran zu denken, das Vorrecht für Ehefrauen von Kaufleuten wieder einzuführen[163]), so ist die Rückkehr zum System des Entwurfs u. E. geboten. Nur so sind die Incongruenzen zu beseitigen und der erforderliche Einklang mit der Rechtsentwickelung herzustellen.[164]) Nach unserer Erfahrung ist übrigens bei der geringen Zahl nichtkaufmännischer Concurse das aufrechterhaltene Vorrecht von geringer

---

160) Goltdammer S. 202 fgde.

161) Gutsbesitzer, welche ein Handelsgeschäft nur als landwirthschaftliches Nebengewerbe betreiben, sollen nach ausdrücklicher Bestimmung im Sinne der Concurs-Ordnung nicht zu den Kaufleuten gerechnet werden (Art. XIV d. Einf.-Ges. v. 8. Mai 1855, Art. XXXI d. Einf.-Ges. z. H.-G.-B., Art. XVIII d. E.-G. v. 31. Mai 1860, Art. XIX d. Einf.-Ges. v. 3. Februar 1864).

162) Goltdammer S. 210.

163) Auch der Entw. z. H.-G.-B. Art. 746 bestimmt: „Sie" (die Ehefrau) „hat wegen der persönlichen Ansprüche auf Rückgewähr ihres Vermögens kein Vorzugsrecht." Der abgek. Entw. Art. 26 versagt dasselbe nur in Ansehung des beweglichen Vermögens.

164) Das englische Recht (Güterbock a. a. O. S. 289) und das neue Amerikanische Concursgesetz kennen kein Vorrecht der Ehefrau. Ebenso der Oesterr. Entw. Dagegen gewährten ein solches das Hannöversche Ges. v. 1864 (für das als Brautschatz eingebrachte Mobiliarvermögen der Ehefrau die dritte Klasse

praktischer Bedeutung. Die erforderliche Aufhebung kann demnach ohne Nachtheil so lange aufgeschoben werden, bis der gleiche große Grundsatz für ganz Norddeutschland auf gesetzliche Anerkennung rechnen kann.

VI. Paulianisches Rechtsmittel.

Anfechtung der Zahlung noch nicht fälliger Schulden.

Daß die Gesetzgebung betrüglichen Verfügungen des Gemeinschuldners wirksam entgegentrete, wird heutzutage allgemein als Bedürfniß empfunden.[165] Allerdings hat dieselbe dabei die Klippe zu vermeiden, daß auf der einen Seite nicht durch Erweiterung des Anfechtungsrechts die Sicherheit des Verkehrs beeinträchtigt, auf der andern nicht die Anfechtung durch Aufstellung beschränkender Erfordernisse allzusehr erschwert werde. Die Concursordnung hat im Allgemeinen die glückliche Mitte getroffen. Ihre Bestimmungen (wie die kongruenten des Anfechtungs-Gesetzes vom 9. Mai 1855) erweisen sich namentlich mit Hülfe der zugelassenen Erleichterung des Beweises als eine nützliche Schranke fraudulöser Dispositionen und werden trotz der ausgedehnten praesumtio doli erfahrungsmäßig von den Gläubigern in der Regel nicht zum Angriff auf redliche Geschäfte gemißbraucht. Nur eine einzelne Vorschrift ist von mehreren Handelskammern bemängelt worden. Das Gesetz hat bekanntlich drei lästige Geschäfte als absolut verdächtig ver-

— § 61. No. 3 — neben dem gesetzlichen Pfandtitel — § 14. No. 1 —) und die Lübecker Conc.-Ordn. („das Eingebrachte der Ehefrau, soweit sie mit dem Gemeinschuldner in getrennten Gütern lebt" wird sub No. 7 locirt — § 104 —). Auch der Sächsische Entw. § 66 bewilligt den „Ansprüchen der Ehefrau des Gemeinschuldners wegen des nach dem Gesetze in die Verwaltung und den Nießbrauch desselben gekommenen Vermögens" ohne Unterschied zwischen Kaufleuten und Nichtkaufleuten das Vorrecht der 5. Klasse (s. Mot. S. 776 fgde.). Derselbe hat aber gerade in dieser Beziehung lebhafte Angriffe erfahren — s. den Plauener C.-B. S. 36 fgde., Verh. S. 9. —

165) So bezeichnet die Beurtheilung der neuesten englischen Bill in den Times v. 16. März 1867 die Aufstellung fingirter Schulden als ein schlimmes Gebrechen des Privatbankerutts und erklärt die gewährte 3monatliche Anfechtungsfrist für zu kurz.

artig herausgehoben, daß hier mit Rücksicht auf die bedenklichen Umstände des Gemeinschuldners zur Zeit des Abschlusses eine Absicht, die Gläubiger zu bevortheilen, ohne Weiteres angenommen (fingirt) wird (§ 101 C.-O.). Der gemeinsame Gesichtspunkt ist der, daß eine vorzeitige Sicherung oder Befriedigung eines einzelnen Gläubigers auf Kosten der anderen verhütet werden soll. Zu den in Rede stehenden Geschäften gehört nun auch unter der Voraussetzung, daß die Rechtshandlung seit dem Tage der Zahlungseinstellung oder der Anzeige der Vermögens-Unzulänglichkeit oder des Antrags auf Concurseröffnung (§ 100) oder innerhalb der nächstvorhergegangenen zehn Tage vorgenommen worden:

„2) die Zahlung einer noch nicht fälligen Schuld, es mag die Zahlung baar, durch Hingabe an Zahlungsstatt oder in anderer Weise erfolgt sein."

Diese Vorschrift soll mit den Gewohnheiten des Handels, nach welchen ein derartiges Geschäft häufig und durchaus unverdächtig sei, nicht in Einklang stehen. Allein es ist zu beachten, daß dieselbe eine vorzeitige Befriedigung, welche zu einer Zeit erfolgt ist, wo die Vermögenskrisis des Gemeinschuldners bereits weit vorgeschritten war. Gerade für kaufmännische Verhältnisse[166] darf man solche Begünstigung eines einzelnen Gläubigers als suspect betrachten. Es enthält keine Rechtsverletzung, wenn diesem ein Vortheil entzogen wird, auf welchen er kein Recht hatte, und den er sich zu einer Zeit verschafft hat, wo ihm präsumtiv die bedrängten Umstände des Zahlenden bekannt waren. Die zehntägige Frist ist so knapp bemessen, daß der Gesetzgeber recht wohl jene Kenntniß ohne Weiteres voraussetzen darf. Wie durch eine solche Bestimmung die unklare (jetzt aufgegebene) Gratifications-Theorie des gemeinen Rechts in das preußische Recht eingeführt sein soll[167], ist nicht abzusehen. Auch nach richtig verstandenem römischen Recht mußte der Gläubiger, welcher sich vor ertheilter missio in bona eine erst nachher fällig werdende Schuld hatte zahlen lassen, den dadurch erlangten

166) Vgl. den Commissionsbericht der 2. Kammer bei Goltdammer S. 262.

167) So Koch S. 111. Note 15.

Vortheil herausgeben [168]), und in ähnlicher Weise haben fast alle neueren Gesetze und Entwürfe die Frage behandelt. [169]) Das vorliegende Monitum des Handelsstandes verdient demnach u. E. keine Berücksichtigung.

B. Von dem Verfahren.

Vorbemerkung.

Kaufmännischer Concurs. Zahlungseinstellung.

Bei der eigenthümlichen Entwickelung des Handelsrechts, welches erst allmählich den Character eines Standesrechts für Kaufleute abgestreift hat, ist auch das damit zusammenhängende Fallitenrecht in manchen Ländern als ein Singularrecht für Kaufleute aufgefaßt worden. Dies ist namentlich, durch einen weiten Begriff von „commerçant“ vermittelt, der Standpunkt des französischen Rechts geblieben, während man in England seit dem Jahre 1861 den

---

168) L. 10. § 12, L. 17. § 2 D. quae in fraudem (42, 8). Meischeider Anfechtungsrecht. Berlin 1864. (Guttentag.) S. 74. Daß § 101. No. 2 die gemeinrechtliche Controverse im Sinne der richtigen Meinung entschieden habe, erkennt auch Koch S. 112. Note 15aa. an.

169) Quelle des Preuß. Rechts sind Art. 443. 446 d. code de comm., Art. 446 des franz. Fall.-Ges., Art. 445 d. Belg. Ges. Vgl. auch Art. 444 d. Rheinpreuß. Ges. v. 9. Mai 1859 (G.-S. S. 208). Eine mit dem Preuß. R. übereinstimmende Vorschrift enthält die Badische Proceß-Ordn. § 725. Ganz ähnlich verordnet auch § 79 Z. 2 des Sächsischen Entwurfs („die Berichtigung einer noch nicht fälligen Schuld auf andere Weise, als durch Aufrechnung“). Die Frist ist sogar (wie im Holländ. H.-G.-B. Art. 773. 774) auf 14 Tage verlängert im Bayerischen Entw. einer Civil-Pr.-O. Art. 1057. No. 1 (Art. 16 des Ausschuß-Entw. — Verh. des Gesetzgebungs-Ausschusses S. 514). Eine Vermuthung für fraudulose Absicht innerhalb derselben Frist statuiren die §§ 31—33. 40 der Bremer Debits-Verordn. Zahlungen durch baares Geld oder in Zahlung gegebene Sachen unterliegen nach § 28 der Lübecker Conc.-Ordnung der Rückforderung dann unbedingt, wenn sie innerhalb der letzten 4 Wochen zur Tilgung solcher Forderungen geleistet sind, welche erst nach Eröffnung des Concurses fällig wurden. Auch das Englische Recht (Güterbock a. a. O. S. 47. Note 68) und das neue Nordamerik. Bankeruttgesetz sec. 35, wiewohl dieselben im Ganzen bezüglich der Anfechtbarkeit fraudulosen Acte strenger sind, haben das vorliegende Geschäft als ein verdächtiges betrachtet.

Unterschied von bankruptcy des trader und insolvency des non trader aufgegeben und zahlungsunfähige Nichthandelsleute wie Handelsleute dem gleichen Verfahren unterworfen hat. [170]) In Deutschland dagegen ist das Fallitenrecht von jeher nicht als ein Theil des Handelsrechts, sondern als ein Abschnitt des Civilprozeßrechts behandelt worden. In neuerer Zeit begann man allerdings, sich jenem französischen System insoweit zu nähern, als man den Concurs zwar nicht auf Kaufleute beschränkte, jedoch für diese ein in manchen Punkten abweichendes Verfahren eintreten ließ. So betrachtet auch die Concursordnung den kaufmännischen Concurs als den eigentlichen Normalfall. Für den gemeinen Concurs ist nur die Lehre von der Eröffnung durchgreifend anders geregelt. Im Uebrigen findet das Verfahren im kaufmännischen Concurse mit geringen Abänderungen auch im gemeinen Concurse Statt. [171]) Allein in der Gegenwart kommt man von einem solchen Dualismus mehr und mehr zurück. [172]) Ist anzuerkennen, daß bei dem heutigen Stande des Verkehrs und der Ausdehnung, in welcher von der allgemeinen Wechselfähigkeit Gebrauch gemacht wird, von einer Beschränkung des Concurses auf Kaufleute (im Sinne des Handelsrechts oder selbst in noch ausgedehnterem Sinne) nicht mehr die Rede sein kann, so ist es eine Halbheit, für Nichtkaufleute ein abweichendes Verfahren zu conserviren (s. S. 62). Die Creditverhältnisse des Handwerkers, des großen Grundbesitzers, welcher Brennereien, Rübenzuckerfabriken u. dgl. als landwirthschaftliches Nebengewerbe betreibt, der nicht auf Handels-Unternehmungen gerichteten Actiengesellschaft [173]), unterscheiden sich meistens wenig von denen des Kaufmanns. Es besteht kein ausreichender innerer Grund, das Verfahren für jene anders zu regeln. Die Abweichungen sind überdies praktisch so

[170]) Mittermaier a. a. O. S. 512. So auch das Nordamerik. Ges. v. 1867.

[171]) Der Entw. z. H.-G.-B., auch der abgekürzte Entw. handelten nur vom kaufm. Concurse.

[172]) Bremen, Lübeck, Hannover, Baden, Nassau, auch der Bayerische, Weimarische und Sächsische Entwurf kennen nur Ein Verfahren für Kaufleute und Nichtkaufleute.

[173]) Ueber die Mängel des in dieser Beziehung geltenden Dualismus s. Weinhagen Das Recht der Actiengesellschaften (1866) S. LXXIV. ff.

unbedeutend, daß sich schon vom systematischen Standpunkte aus die Unterscheidung eines besonderen „Verfahrens im kaufmännischen Concurse" und „im gemeinen Concurse" nicht rechtfertigen läßt. [174]) Das einzige Bedenken erregt die Frage nach der Eröffnung des Concurses. Hier wird die Zahlungseinstellung als etwas dem kaufmännischen Verkehr Eigenthümliches aufgestellt. Es komme dort, sagt man [175]), mehr als in anderen Geschäftsverhältnissen darauf an, daß der Schuldner seine Verbindlichkeiten auch zur gehörigen Zeit erfülle. Der Credit könne nicht bestehen, wenn nicht jeder darin Begriffene auch mit Gewißheit darauf rechnen könne, daß die Zahlungen pünktlich eingehen, weil er sonst nicht die Sicherheit habe, seine eigenen Verbindlichkeiten gehörig erfüllen zu können. Aber paßt dies nicht Alles auch auf den Nichtkaufmann? Eine einfache, selbst wiederholte Zahlungs-Zögerung ist auch beim Kaufmann nicht hinreichend, die Concurseröffnung zu begründen. Nur eine Zahlungs-Unterlassung wegen Zahlungs-Unfähigkeit ist in gesetzlichem Sinne Zahlungseinstellung (§ 113). Zahlungsunfähigkeit aber ist das sicherste Kennzeichen der Vermögens-Unzulänglichkeit. [176]) Befreit das Gesetz sich von jeder Definition der Zahlungseinstellung, welche nur zu Verwirrungen führt [177]), so wird die Praxis gewiß die rechten Wege finden. Der Begriff der Zahlungseinstellung nimmt, auf den Nichtkaufmann angewendet, im concreten Falle von selbst eine andere Bedeutung an, als beim Kaufmann. Mögen bei letzterem in seltenen Fällen bloße Zahlungs-Stockungen zur Concurseröffnung Anlaß geben können [178]), so wird bei Nichtkaufleuten in der Regel gewiß nur im Falle wirklicher In-

---

[174]) Der Oesterr. Entw. stellt die abweichenden Bestimmungen für den kaufmännischen Concurs im zweiten Hauptstück zusammen.

[175]) Vgl. den Comm.-Ber. der 2. Kammer bei Goltdammer S. 18 und ganz ähnlich die Mot. des Sächs. Entw. S. 782.

[176]) So die Mot. des Sächs. Entw. a. a. O.

[177]) Auch der abgekürzte Entw. zum 5. Buch des H.-G.-B. hat die Definition aufgegeben; denn die Zahlungseinstellung sei ein faktisches Verhältniß, welches auf eine allgemein zutreffende Weise nicht in einzelne Elemente zerlegt werden könne (Mot. S. 20). Ebenso d. Sächs. Entw. § 100 (Mot. a. a. O.) u. d. Oesterr. Entw. §§. 193. 197, sowie die Bremer Debits-Verordn. §§ 10—13.

[178]) Goltdammer S. 290.

sufficienz eine Anregung zur Concurseröffnung, sei es von dem Gemeinschuldner, sei es von den Gläubigern, ausgehen. Wo sich aber in dem Verkehr eines Nichtkaufmanns der Begriff der laufenden Zahlungen findet, ist die Aehnlichkeit mit dem Verkehr des Kaufmanns eine so große, daß man dem Ausbleiben jener Zahlungen nicht wohl eine andere Bedeutung unterlegen kann, als beim Kaufmann. — Eine besondere Abweichung ist noch, daß der kaufmännische Concurs auch von Amtswegen eröffnet werden kann, während der gemeine Concurs den Antrag eines Gläubigers oder des bestellten Nachlaßcurators voraussetzt. Die hier dem Handelsverkehr angewiesene Ausnahmestellung [179]) ist aber u. E. nicht gerechtfertigt. Auch bei nichtkaufmännischen Schuldnern kommen ausgebreitete Creditverbindungen vor, deren officielle Berücksichtigung geboten sein kann. Man darf die Würdigung der Frage, ob das Interesse der Gläubiger ein gerichtliches Einschreiten erforderlich macht, u. E. dem Ermessen des Gerichts in allen Fällen überlassen. [180]) — Giebt man so auch für die Einleitung des Concurses die Sonderung von Kaufleuten und Nichtkaufleuten auf, so werden die Schwierigkeiten der Untersuchung, ob der Gemeinschuldner als Kaufmann anzusehen, für welche es gerade in dem vorliegenden Stadium des Verfahrens an Zeit und Mitteln fehlt, und die der nicht selten erforderlich werdenden Umleitung des einen Verfahrens in das andere, welche zu manchen Streitfragen geführt hat, vermieden. An die Stelle complicirter Bedingungen tritt der einfache thatsächliche Begriff der Zahlungseinstellung unter Freilassung richterlicher Prüfung, was seine Voraussetzungen und, wenn ein Antrag des Cridars oder seiner Gläubiger nicht vorliegt, das Bedürfniß der Concurseröffnung anlangt — einer Prüfung, welche gewiß in jedem

---

179) Motive bei Goltdammer S. 295.

180) Bremer V. § 13: „Von Amtswegen kann die Eröffnung des Debit-Verfahrens geschehen, wenn bei vorhandener Insolvenz des Schuldners entweder derselbe Handlung, Fabrikgeschäfte oder ähnliche Hantierung treibt, oder doch aus sonstigen besonderen Gründen das Interesse der Gläubiger ein gerichtliches Einschreiten erforderlich macht.“ Besser läßt Art. 4 des abgek. Entw. zum 5. Buch d. H.-G.-B. auch bei Kaufleuten das Ermessen zu, ob aus der Aussetzung der Fallimentseröffnung besondere Nachtheile für die Gläubiger erwachsen würden. Anders wieder § 100. No. 2 d. Sächs. Entwurfs.

Falle bald in's Reine kommt. Findet man ein solches Ermessen wegen der weiteren Bedeutung des Tages der Zahlungseinstellung für das Anfechtungsrecht zu bedenklich, so mag man das Institut der Festsetzung und anderweiten Bestimmung jenes Tages durch das Concursgericht (§ 122, 125 C.=O.)[181]) aufgeben. Dasselbe gefährdet ohnehin die Sicherheit des Verkehrs und läuft in seiner Nachbildung des französischen und belgischen Rechts auf ein bedenkliches Uebergewicht des formellen Rechts hinaus. Es ist besser, in allen materiellen Beziehungen den Zeitpunkt der Zahlungseinstellung frei durch den Prozeßrichter prüfen zu lassen. Die Nachtheile widersprechender Entscheidungen sind nicht größer, als die einer Verletzung zahlreicher Gläubiger, welche von der nach § 122. 125 d. C.=O. ergehenden Festsetzung des Concursgerichts keine Kenntniß erhalten haben. Die Rechtsverhältnisse sind im Gegentheil so vielleicht geringerer Schwankung ausgesetzt, als bei der Vorschrift, welche jederzeit die anderweite Bestimmung des Tages der Zahlungseinstellung, sogar von Amtswegen, gestattet. — Will man aber den Vortheil einer einheitlichen Entscheidung über jenen Zeitpunkt nicht aufgeben, so hat doch ein gewissermaßen gegen das Concursgericht gerichtetes Verfahren[182]) immer sein Mißliches. Rathsamer als die administrative Festsetzung und das besondere Anfechtungs=Verfahren erscheint es uns auch von diesem Standpunkte, jene Frage als einen Incidentpunkt da, wo es darauf ankommt, entscheiden zu lassen. Auch eine solche Entscheidung könnte dann als bindend für alle Concursinteressenten, welchen die Intervention (wie nach § 125) überlassen bliebe, erklärt werden. Es ist ja nichts Unerhörtes, wenn eine einzelne Streitfrage als praejudicium, das nicht blos inter partes wirkt, behandelt wird. — Die

---

181) Vgl. gegen dasselbe auch die überzeugende Ausführung der Sächs. Mot. S. 784 fgde.; im Oesterr. Entw. fehlt es gleichfalls. — Der abgekürzte Entw. zum 5. B. d. H.=G.=B. nimmt nur die Festsetzung bei der Conc.=Eröffnung auf, überläßt dagegen die Vorschriften „über die Bewirkung einer Abänderung" der gedachten Festsetzung den Landesgesetzen (Art. 6. 7).

182) Formell werden allerdings, je nachdem der Verwalter oder ein anderer Interessent als Kläger auftritt, der Gemeinschuldner oder dieser und der Verwalter als Gegenpartei angesehen.

Concurs-Ordnung würde durch diese, wie durch die anderen vorstehend empfohlenen Aenderungen, ohne Störung des Systems an Einfachheit und Kürze gewinnen.

I. Bekanntmachungen. Centralblatt.

Die öffentliche Bekanntmachung hat in dem System der Concurs-Ordnung eine besondere Bedeutung erhalten, hinter welcher die der Specialladung (bekannter Interessenten) zurücktritt. (Vgl. §§ 123, 126, 128, 133, 145, 168, 183, 199, 200, 204 C.-O.) Die Frage nach der Art jener Bekanntmachung ist daher nicht unerheblich. Die Concurs-Ordnung hat dieselbe, was die Auswahl der geeigneten Blätter und die Zahl der Anzeigen betrifft, dem Ermessen des Concursgerichts überlassen (§ 123). Schon in der Commission der 2. Kammer sind dagegen Bedenken angeregt. Indessen wurden die Vorschläge, alljährlich durch die Appellationsgerichte die betreffenden Blätter bestimmen zu lassen, oder die Einrückung in eine Zeitung am Sitze des Ober-Präsidenten unbedingt vorzuschreiben, oder doch zu verordnen, daß die späteren Bekanntmachungen stets durch die bereits für die Bekanntmachung der Concurseröffnung gewählten Blätter erfolgen müssen, sämmtlich abgelehnt.[183]) Gegenwärtig hat der Handelsstand diese Vorschläge, wenigstens ihrer Richtung nach, wieder aufgenommen. Wie man auf dem ersten deutschen Handelstage ein oder mehrere Centralblätter behufs der Veröffentlichung der in's Handelsregister einzutragenden Vermerke als ein erstrebenswerthes Ziel bezeichnet hat[184]), so verlangt man eine zusätzliche Bestimmung zu § 123 d. C.-O. dahin, daß alle Concursanzeigen in einem bestimmten lediglich zu diesem Zwecke herauszugebenden Blatte in gedrängter Kürze zu veröffentlichen seien.[185]) Von anderer Seite will man ein solches Blatt gleichzeitig für die Publikationen der Eintragungen in das Handels-Register bestimmen oder hält

[183]) Vgl. den C.-B. bei Goltdammer S. 303. Den letzten Vorschlag hat sich, jedoch unter Freilassung erforderlicher Ausnahmen, die Min.-Instr. vom 6. Aug. 1855 § 11. Absatz 4 angeeignet.

[184]) Beschlüsse des ersten Deutschen Handelstags (Note 1) sub V.

[185]) Bericht der Vorsteher der Stettiner Kaufmannschaft sub III.

wenigstens eine alljährliche Bekanntmachung der zu wählenden Blätter durch das betreffende Gericht für nützlich. [186]) U. E. ist der Vortheil aller dieser Abänderungsvorschläge gegenüber dem die Würdigung der jedesmaligen örtlichen und Verkehrsverhältnisse freilassenden Ermessen des Gerichts [187]) problematisch. Ein Centralblatt würde allerdings die Auffindung der Concursanzeigen erleichtern. Ein Bedürfniß aber besteht — von der Ausführbarkeit zu geschweigen — nicht einmal für die Mehrzahl der kaufmännischen Concurse. In den meisten Fällen genügt Einrückung in ein Localblatt und allenfalls in ein gelesenes Provinzialblatt. Wenigstens dürfte das gleiche Bedürfniß nicht nur für die Eintragungen in das Handelsregister, sondern auch für Anzeigen von Subhastations-Terminen, Aufgebote von Werthpapieren, Edictal-Citationen u. dgl. mit Fug behauptet werden können. Vorausgesetzt selbst, daß ein alle diese Bekanntmachungen umfassendes Blatt für Preußen oder (mit Hülfe der künftigen Norddeutschen Civilprozeß-Ordnung) für den ganzen Norddeutschen Bund zu Stande käme, so würde durch den Umfang eines solchen Blattes wiederum die Auffindung einzelner Anzeigen erschwert. Dazu würde eine Vermehrung der Kosten treten, wenn man, wie wir für unerläßlich halten, gleichzeitig noch anderweite Bekanntmachung durch öffentliche Blätter nach Auswahl des Gerichts gestattet. Ob der Handelsstand sich zur Haltung eines derartigen voluminösen und kostspieligen Organs entschließen würde, erscheint nach manchen Erfahrungen zweifelhaft. [188])

---

186) So schon die Begutachtungs-Commission von 1854. Vgl. auch code de comm. art. 42.

187) Nähere Anweisungen ertheilt § 11. Abs. 2 der Min.-Instruction.

188) In kleineren Verhältnissen mag sich ein Centralblatt eher mit Erfolg herstellen lassen. So bestimmt der Sächs. Entw. das Amtsblatt, neben anderweiter mehr arbiträrer Publication (§ 108. 158. 181 ꝛc.). Ebenso die Lübecker Conc.-O. (§ 17 ꝛc.); die Bremer Debits-Verordn. eine bestimmte Bremer Zeitung (§ 111); die Hannöversche P.-O. das öffentliche Anzeigeblatt der Stadt oder Provinz (§ 611. 626. 637). Aehnlich der Weimar. Entw. § 549. Selbst in England ist Ein Blatt (London-Gazette) bestimmt — Güterbock bei Goldschmidt I. S. 60. Dagegen läßt der Bayerische Entw. das Ermessen walten (Art. 1034 ꝛc.). Nach den Vorschlägen der Handelskammer zu Plauen sollen monatlich in den zur Aufnahme der Edictalien bestimmten Organen alphabetisch geordnete Uebersichten der eröffneten Concurse bekannt gemacht werden (Verh. S. 11).

Von den anderen Vorschlägen verdient u. E. am meisten Beachtung derjenige, welcher die für Concursanzeigen zu wählenden Blätter vor oder beim Beginn jedes Jahres durch das Gericht bekannt machen lassen will, da derselbe sich den bezüglich des Handelsregisters bestehenden Einrichtungen [189]) nähert. Die Wahl der für die Eintragungen in das Handelsregister bestimmten Blätter unbedingt vorzuschreiben [190]), ist bedenklich, weil dadurch die erforderliche Rücksicht auf die individuellen Verhältnisse gefährdet wird.

II. Massen-Verwalter. Verwaltungsrath.

Der Gedanke der Concursordung und aller neueren Gesetzgebungen [191]), daß die Gläubigerschaft besser als das Gericht zur Verwaltung der zu ihrer Befriedigung bestimmten Activ-Masse geschickt sei, und die Thätigkeit des Gerichts sich im Wesentlichen auf die Anordnung der nöthigen Sicherheits-Maßregeln und der vorläufigen Verwaltung, sowie auf eine allgemeine Beaufsichtigung zu beschränken habe, ist nirgends angefochten. Der Handelsstand strebt indessen seit Jahren danach, den Einfluß der Gläubigerschaft auf Bestimmung des Vertreters ihrer Interessen, sowie auf die Geschäftsführung dieses Vertreters zu erweitern.

Dem Preußischen Handelstage [192]) zunächst will es nicht genügen, wenn nach § 128 C.-O. die Gläubiger bei der Bekanntmachung der Concurseröffnung oder in einer schleunigen nachträglichen Bekanntmachung aufgefordert werden, in einem nicht über vierzehn Tage hinauszusetzenden Termine ihre Erklärungen und

---

189) Art. 14 des H.-G.-B.; Instr. (z. Einf.-Ges.) v. 12. December 1861 Th. I. § 14 (J.-M.-Bl. S. 328 fgde.).

190) So § 201 des Oesterr. Entw. bei kaufm. Concursen. Jedoch soll daneben auch Bekanntmachung „durch die zu gerichtlichen Kundmachungen bestimmten Zeitungsblätter des Landes" (§ 68) stattfinden.

191) Goltdammer S. 22 fgde. — Vgl. auch Times v. 16. März 1867 p. 9: Die erste Frage sei, durch wen die Masse gesammelt und vertheilt werden solle. Nicht der Bankruptcy-court sei dazu geeignet, sondern die Gläubiger selbst, durch einen Agenten handelnd, welcher von ihnen ernannt und bezahlt werde. Dies seit 10 Jahren in Schottland geltende System sei jetzt von den Rechtskundigen jeder politischen Partei gebilligt.

192) Beschl. des ersten Preuß. Handelstages (Note 4) sub VI., 2.

Vorschläge über die Beibehaltung des bei der Concurseröffnung von Amtswegen bestellten einstweiligen Verwalters oder die Bestellung eines anderen einstweiligen Verwalters abzugeben, und unter deren Berücksichtigung das Gericht nach dem Termine über jene Beibehaltung oder anderweite Bestellung nach seinem Ermessen zu beschließen hat. Man beantragt vielmehr, den § 128 dahin zu ändern, daß die Gläubiger in dem gedachten Termine drei Personen als einstweilige Verwalter vorzuschlagen haben, aus denen das Gericht wählt. Der so gewählte einstweilige Verwalter soll an die Stelle des vom Gericht ernannten einstweiligen Verwalters treten, welcher ihm unter Zuziehung des Commissars am Tage nach dem Termine die Masse zu übergeben habe.

Unseres Erachtens eignet sich dieser Vorschlag nicht zur Berücksichtigung. Daß es der Bestellung eines Official-Vertreters seitens des Gerichts zu einer Zeit bedarf, wo die Gläubiger ihren berechtigten Einfluß auf dessen Auswahl geltend zu machen noch nicht in der Lage sind, wird von keiner Seite bezweifelt. Die vorherige Anhörung der anwesenden Gläubiger, welche das ältere Recht anordnete [193]), war unpraktisch und ist mit Recht aufgegeben. Es genügt die nachträgliche Vernehmung. In dieser Beziehung kann vielleicht sogar der besondere Termin (anstatt einer bloßen Frist) entbehrt werden. [194]) Keinesfalls ist eine förmliche Neuwahl erforderlich, wie sie der Abänderungsantrag bezweckt. Erfahrungsmäßig erfolgt schon jetzt selten ein anderweiter Vorschlag seitens der Gläubiger, weil sie dem Gericht und der Person des von diesem ausgewählten Verwalters vertrauen oder in Gesetz und Ober-Aufsicht genügende Garantieen für eine sachgemäße Verwaltung erblicken. Machen die Gläubiger nur aus Mangel an Energie von ihrem gesetzlichen Rechte keinen Gebrauch, so ist der entstehende Nachtheil gewiß nicht dem Gesetze zuzuschreiben. Die Beibehaltung des vom Gericht bestellten einstweiligen Verwalters liegt ohnehin schon wegen der Sachkenntniß, welche sich derselbe beim Beginn des Concurses, wo sich die wichtigsten Maßregeln drängen, zu er-

193) Allg. Ger.-Ordn. I. 50. § 64. Vgl. auch Sächs. Entw. § 114 („kann") Mot. S. 759.

194) So Koch S. 139. Note 30.

werden Gelegenheit hatte, am nächsten. Eine anderweite Wahl aus einer von den Gläubigern aufzustellenden Liste, für welche in kleinen Städten kaum die erforderlichen Elemente vorhanden sind, führt ein Mittelstadium in die Verwaltung ein, welches diese verzögert und verwickelt. Man hat mit einem solchen Zwischenstadium keine guten Erfahrungen gemacht. [195]) Fast überall gilt in neuerer Zeit das Interesse der Gläubiger als ausreichend gewahrt, wenn das Gesetz die Wahl eines anderen definitiven Verwalters freiläßt. [196]) Man hat nun auch bei uns vorgeschlagen, diese Wahl wenigstens auf einen früheren Zeitpunkt des Verfahrens zu verlegen. [197]) Unseres Erachtens ist es indessen durchaus sachgemäß,

---

[195]) Das franz. Fall.-Ges. hat die früheren 3 Stadien (code de comm. art. 454. 480. 527) in zwei zusammengezogen. Vgl. Goltdammer S. 310. Anders noch die Rheinische Nov. v. 1859 Art. 454. 480. 498. 527.

[196]) Hann. Proc.-O. § 614. 615; Braunschweig. P.-O. § 314. 315; Badische P.-O. § 717. 745. 777. 778. 779; Nassauisches Conc.-Ges. § 66; Bremische Deb.-Verordn. § 195. 199. 209. 210; Sächs. Entw. § 114. 171. Bayerischer Entw. § 1031. 1115 (vgl. Ausschuß-Verh. S. 511 f.). Nach allen diesen Gesetzen und Entwürfen erfolgt in dem Anmeldungs- und Prüfungs-Termin die Wahl des oder der definitiven Verwalter. — In Lübeck bewendet es für die nicht kaufmännischen Concurse bei dem vom Gericht bestellten Güterpfleger; für die kaufmännischen Concurse werden spätestens 8 Tage nach der Concurseröffnung 2 Güterpfleger gewählt (Lüb. Conc.-O. § 42. 43). Nach dem Oesterr. Entw. wird bei der Concurseröffnung ein besonderer Termin zur Erklärung über Beibehaltung des einstweiligen Verw. oder Ernennung eines anderweiten Verw. anberaumt, und das Gericht beschließt auf Grund der von der Stimmenmehrheit der erschienenen Gläubiger gemachten Vorschläge (§§ 66. 73). Jener Verwalter ist dann der definitive. Doch kann auf Antrag eines Gläubigers in der allgemeinen Liquidirungs-Tagfahrt ein neuer Verwalter gewählt werden (§ 142). Nach dem Weimar. Entw. § 536 wählt der Richter den Güterpfleger und Massevertreter. — Nach dem Nordamerik. Ges. sec. 13 werden bei der ersten Versammlung der Gläubiger ein oder mehrere Verwalter (assignees) gewählt. — In England hatte ein Ges. v. 1831 statt der gewählten die official assignees eingeführt; und die späteren Gesetze von 1849, 1854, 1861 haben hierin Nichts geändert. Die Urtheile über dieses englische Institut sind in Deutschland sehr verschieden — s. Güterbock bei Goldschmidt I. S. 44. 55, Mittermaier das. VIII. S. 518 f. — In England haben sich die Klagen darüber fortwährend gemehrt. Das neueste Reform-Stadium bezweckt die Abschaffung der official assignees und unterscheidet nur den provisional trustee (welcher für jeden Bankerutt-Gerichtshof ein für alle Mal ernannt ist) und den von den Gläubigern gewählten trustee (s. Times v. 29. März 1867).

[197]) Koch S. 201. Note 25; Meyer, Deutsche Ger.-Ztg. 1860 S. 122;

wenn dieselbe bis zu demjenigen Stadium des Verfahrens verschoben wird, mit welchem dieses eine ganz andere Richtung einschlägt, nämlich aus dem Bereich der Erhaltungs- und Sicherungs-Maßregeln in das der Liquidation übergeht. Vorher fehlt es an einer constituirten Gläubigerschaft. Gerade in dem ersten Stadium drängen sich vorzugsweise Verwandte des Gemeinschuldners und andere diesem nahestehende Personen herbei, von welchen das Gesetz die Wahl nicht vornehmen lassen darf, wenn es nicht die Interessen der übrigen Gläubiger gefährden will. — Zweifelhafter ist es, ob den Gläubigern nicht bei der Bestellung des definitiven Verwalters ein (schlechterdings) maßgebender Einfluß einzuräumen ist, dergestalt, daß das Gericht nicht von einer durch die Mehrheit der Gläubiger bezeichneten Persönlichkeit absehen darf.[198] Indessen sind praktische Uebelstände von Anwendung der bestehenden Vorschriften (§§ 213. 214 C.-O.) nicht bekannt geworden. Es gilt als selbstverständlich, daß die von einer erheblichen Majorität der Gläubiger kundgegebene Ansicht über die Beibehaltung des einstweiligen oder Ernennung eines anderen Verwalters zu beachten ist. Wollte man hierin eine Abänderung eintreten lassen, so würden schärfere Vorschriften über die Legitimation der wählenden Gläubiger erforderlich sein.[199] Man müßte dann freilich den Vortheil aufgeben, welcher darin liegt, daß heutzutage das Gericht in der Lage ist, das Gewicht der für die eine oder andere Persönlichkeit abgegebenen Stimmen nach freiem Ermessen zu prüfen.

Lesse, Kurze Erörterungen (s. Note 24) S. 18. Vgl. auch die vorige Note. Ein ähnlicher Vorschlag ist übrigens schon bei der Commissionsberathung der 2. Kammer verworfen — Goltdammer S. 391.

198) So Hannover § 615; Braunschweig § 315; Baden § 778. In Bremen (§ 210) ist stets noch gerichtliche Bestätigung erforderlich. So auch in Lübeck (§ 47), Nordamerika (sec. 13) und nach der neuen englischen Bill. Gegen die Best. des § 171 des Sächs. Entw., wonach in Ermangelung einer Einigung der Gläubiger der Concurs-Commissar den Concursvertreter ernennt, wendet sich die Handelskammer zu Plauen u. verlangt Berücksichtigung des Mehrheitsbeschlusses (C.-B. S. 42; Verh. S. 11.).

199) So berücksichtigt der Oesterr. Entw. § 72, obwohl das Gericht nur, wo es keine „erhebliche Bedenken“ hat, an die Mehrheitsvorschläge gebunden ist, nur eine solche Mehrheit, welche sich bei Berechnung nach der Größe der in glaubwürdiger Weise bescheinigten Forderungen ergiebt.

Was die bei der Auswahl der Verwalter maßgebenden Rücksichten betrifft, so haben sich die desfallsigen Vorschriften (§§ 129, 214 Nr. 1 C.-O.) [200]) bei richtiger Anwendung bewährt. Allerdings sind auch in großen Städten größere Kaufleute nicht zu der Function als Massenverwalter gelangt, was hier und da im Handelsstande beklagt wird. Dies würde jedoch nur dann zu erreichen sein, wenn man einen u. E. nicht zu billigenden Zwang zur Annahme einführte [201]), der dann wieder die Aufstellung gesetzlicher Excusationsgründe nothwendig machen würde. In den meisten Fällen reicht aber ein Rechtsanwalt, der nicht bloß von den Gerichten, sondern vielfach auch vom Handelsstande vorgezogen wird [202]), oder ein Kaufmann von allgemeiner kaufmännischer Bildung aus. Daß die Function als Concursmassen-Verwalter in größeren Städten ein besonderer Erwerbszweig geworden ist, welcher seinen Mann reichlich nährt, hat besondere Vortheile in der diesen Personen beiwohnenden Geschäftskenntniß und Bekanntschaft mit dem Gericht. Ihre Mitwirkung trägt zur Abkürzung und Vereinfachung der Concurse nicht unerheblich bei. Wo dem Verwalter bezüglich der betreffenden Handelsbranche die Erfahrung abgeht, ist ihm der geeignete Weg schon jetzt nicht verschlossen, da ihn das Gesetz in instructioneller Weise an den Gemeinschuldner, dessen Interesse bei Ermittelung, Feststellung und Sicherung der Masse mit dem der Gläubigerschaft zusammenfällt, und an andere Personen (also auch einzelne Gläubiger) verweist (§ 132, Abs. 4).

Diese Hülfe kann der Verwalter namentlich auch da in Anspruch nehmen, wo es sich um Revision der Buchführung des Gemeinschuldners handelt. Man hat in dieser Beziehung, an den Bericht des Verwalters (§ 163) anknüpfend, durch welchen „das Interesse der Gläubiger nicht genügend gewahrt" werde, es für

---

200) Verbunden mit § 13 der Min.-Instr. Vgl. § 74 d. Oesterr., § 118 des Sächs. Entw.

201) Code de comm. art. 456.

202) In Lübeck — bei nicht kaufm. Concursen — (§ 42) und Bremen (§ 196) werden die einstweiligen Güterpfleger aus den Sachwaltern genommen. In Hannover (§ 615) werden vorzugsweise Advocaten berücksichtigt.

„dringend nothwendig“ erklärt, „daß dem Concursgericht die Pflicht auferlegt wird, in allen kaufmännischen Concursen die Buchführnng des Gemeinschuldners einer genauen Prüfung durch einen vereideten Revisor zu unterwerfen“.[203]) Wahrscheinlich hat man dabei die Erfahrung im Auge gehabt, daß die Handlungsbücher häufig erst kurz vor der Anzeige der Zahlungseinstellung in Ordnung gebracht oder gar angelegt werden. Indessen wird dies oft schon bei der Uebergabe und äußeren Prüfung der Bücher[204]) entdeckt, was dann zu genaueren Revisionen Anlaß giebt, und auch abgesehen hiervon werden solche Revisionen in der Regel Seitens des Verwalters von freien Stücken oder auf Anregung des Concursgerichts oder der Staatsanwaltschaft vorgenommen. Dabei ist es bereits gewöhnlich, daß besondere Bücher-Revisoren zugezogen werden, wo die Fachkunde des Verwalters nicht auszureichen scheint. Diesem ein für alle Mal einen Bücherrevisor beizugeben und aus dessen Zuordnung ein besonderes Rechtsinstitut zu bilden[205]), empfiehlt sich u. E. ebensowenig, als durch ständige Beiordnung eines einzelnen Gläubigers die Einheit der Verwaltung zu zerreißen.[206]). Auf eine förmliche technische Revision der Bücher wird es nicht in allen Fällen ankommen. Es ist daher nicht erforderlich, sie[207]) unbedingt vorzuschreiben. Wo dieselbe zweckentsprechend, wird sich das Gericht und der Verwalter zu helfen wissen, auch wenn es (wie häufig an kleinen Orten) an eigentlichen kaufmännischen Bücher-Revisoren mangelt. Kann sie nicht ohne Versendung der Bücher[208]) oder Zuziehung eines auswärtigen Revisors erfolgen, so wird das Gericht

[203]) Bericht der Vorsteher der Stettiner Kaufmannschaft sub IV.

[204]) §§ 116. 117. C.-O. § 6—8 d. Min.-Instr.

[205]) So der „Fallitenbuchhalter“ der Lübecker Conc.-Ordn. §§ 49. 65.

[206]) So schreibt die Lübecker C.-O. § 42 die Beiordnung eines Gläubigers als 2. Güterpflegers im nicht kaufmännischen Concurse „in geeigneten Fällen“ vor. Vgl. auch Rhein. Nov. v. 1859 Art. 456. — Besser besondere Verwalter für bestimmte Zweige der Verwaltung (Preuß. Conc.-Ordn. § 136; Oesterr. Entw. § 81). Nach § 543 des Weimar. Entw. soll jeder Gläubiger berechtigt sein, „sich um die Verwaltung der Masse zu bekümmern“ ꝛc.

[207]) Mit der Lübecker Conc.-O. § 65. So auch in England — Güterbock bei Goldschmidt II. S. 22. Der Oesterr. u. d. Sächs. Entw. enthalten in dieser Richtung ebensowenig besondere Vorschriften, als die übrigen neueren Concurs-Gesetze und Entwürfe.

[208]) Diese mißbilligt grundsätzlich Art. 39 des Handelsgesetzbuchs.

die dadurch entstehenden Unzuträglichkeiten und Verzögerungen gegen die Vortheile der technischen Revision abwägen. Nirgends aber tritt diese Revision als ein besonderer Abschnitt des Verfahrens oder auch nur als ein wesentlicher Theil der Aufgaben der Massen-Verwaltung dergestalt auf, daß darüber besondere gesetzliche Vorschriften zu treffen wären. Im Hintergrund des in Rede stehenden Vorschlags liegt wohl nur die bessere Information der Gläubiger Behufs eines abzuschließenden Accordes. Diese aber könnte man besser durch eine Instruction (an welcher es bezüglich jenes Generalberichts des Verwalters überhaupt mangelt) etwa dahin erleichtern, daß der in § 163 d. C.-O. vorgeschriebene Bericht sich auch über das Resultat der vorgenommenen Prüfung der Handelsbücher des Gemeinschuldners zu äußern habe, und ebenso, wie die Bücher selbst [209]), im Gerichts-Bureau zur Einsicht für die Gläubiger offen zu legen sei [210]). Man würde dadurch zugleich dem Vorwurf [211]) begegnen, daß der Bericht überhaupt nicht zweckentsprechend und entbehrlich sei.

Weiter hierher gehört derjenige Vorschlag, welcher die Verrückung des Zeitpunkts bezweckt, in welchem nach der C.-O. die Bestellung eines Verwaltungsraths erfolgt [212]). Es ist dies der Schwerpunkt des oben erwähnten Reichenheim'schen Antrages. Auch dieser Vorschlag zeigt ein Janus-Gesicht. Er blickt

---

209) Daß die Mittheilung von Handelsbüchern zur vollständigen Kenntnißnahme von ihrem ganzen Inhalt im Concurse gerichtlich verordnet werden könne, besagt Art. 40 d. H.-G.-B.

210) Bezüglich der Bilanz und des Inventars ist die Offenlegung vorgeschrieben (§ 155 C.-O.).

211) Koch's S. 159. Note 78.

212) § 211: „Zur Bestellung des definitiven Verwaltungs-Personals wird nach Abhaltung des ersten allgemeinen Prüfungstermins (§ 164) geschritten, wenn die Abschließung eines Accords nicht beantragt worden ist, oder wenn der Accord überhaupt oder vorläufig gesetzlich unzulässig ist." — In anderen Fällen findet die Bestellung des definitiven Verwaltungs-Personals statt, sobald der Accord von den Gläubigern endgültig verworfen, oder die Bestätigung des geschlossenen Accords von dem Gericht rechtskräftig versagt worden ist. — § 212: „Das definitive Verwaltungs-Personal besteht aus dem definitiven Verwalter der Masse; auch kann ein Verwaltungsrath von zwei oder drei Mitgliedern bestellt werden." — Ueber dessen Geschäftskreis und die Formen seiner Mitwirkung s. d. §§ 217. 218 C.-O.

hinaus auf das Accord-Verfahren, indem er der Gläubigerschaft „vor oder im Accordverfahren Gelegenheit zu einer genaueren Kenntnißnahme von der Sachlage" geben will. Andrerseits bezweckt er unmittelbar eine Umgestaltung des bezüglich der Massenverwaltung bestehendem Systems, da er jenes Ziel „durch einen schon beim Beginn des Concurses aus ihrer" (der Gläubigerschaft) „Mitte zu bestellenden Verwaltungsrath" zu erreichen gedenkt. Die Urtheile über diesen Vorschlag sind sehr verschieden ausgefallen.[213]). Wir wollen die Gründe für und wider hier nicht ausführlich recapituliren. Unseres Erachtens steht das vorgeschlagene Mittel zu dem Zwecke nicht in richtigem Verhältniß. An sich scheint das Princip der Bestellung eines Gläubiger-Ausschusses statt der bei allen Gläubigern in wichtigen Fällen zu haltenden Rückfragen[214]) sehr erhebliche Vortheile zu bieten. Es ist an sich etwas Natürliches und entspricht den auch im Gesellschaftswesen ausgeprägten Ideen der Neuzeit, die für einen Gesammtzweck Vereinigten da, wo nur Gesammt-Interessen in Frage sind, durch einzelne Beauftragte aus der Mitte der Interessenten vertreten zu lassen und durch eine solche nur für wichtigere Fragen in Wirksamkeit tretende Einrichtung gleichzeitig die selbstständige Stellung des im Uebrigen auf eigene Verantwortlichkeit handelnden Gesammt-Vertreters zu modificiren. Das Institut des Verwaltungsraths ist daher von Alters her empfohlen und in die meisten neueren Gesetzgebungen übergegangen.[215]) Die Concursordnung hat dasselbe

---

213) Vertheidigt wird derselbe von Lesse, Preuß. Ger.-Zeitg. 1860 S. 50; Kurze Erörterungen S. 12 f.; Meyer, Pr. Ger.-Ztg. 1860 S. 121 (von diesem jedoch ohne Anerkennung einer „Nothwendigkeit", die qu. Reformen vor anderen einzuführen — S. 123 —); bekämpft von Güterbock, Mängel S. 39; Makower, Studien S. 68 fgde. — Aehnliche Anträge haben schon von der Begutachtungs-Commission und dem Verfasser der Mot. (S. 94) ablehnende Würdigung erfahren. Auch die Mot. z. Entw. d. H.-G.-B. (S. 440 f.) erklären es nicht für angemessen, dem einstweiligen Verwalter einen Gläubigerausschuß beizuordnen.

214) A. G.-O. I. 50. § 78 fgde. Vgl. Mot. bei Goltdammer S. 396.

215) Puchta a. a. O. S. 369; Mittermaier, Proc. III. S. 201; Goltdammer a. a. O.; Koch S. 201. Note 26. Nach dem Oesterr. Entw. ist der Ausschuß sogar obligatorisch (§ 66. Nr. 4, 70). In Hannover § 620, Baden §§ 777 bis 779, Nassau § 67 u. Braunschweig § 315, auch nach dem Weimar. Entw. § 545. kann im Anmeldungstermine ein Gläubigerausschuß, aus 3 Mitgliedern bestehend, gewählt werden; dem preuß. Recht nähert

nur zögernd und in vorsichtiger Beschränkung aufgenommen. Der damit gemachte Versuch ist unseres Erachtens nicht von sonderlichem Erfolg begleitet gewesen. Der Eifer der Betheiligten pflegt der guten Absicht des Gesetzgebers, ihren Einfluß zu erhöhen und dessen Geltendmachung zu erleichtern, nicht zu entsprechen. Selten geht von den Gläubigern die Anregung zur Bestellung eines Verwaltungsraths aus, und wo ein solcher bestellt ist, was an kleineren Orten häufig nicht einmal ausführbar, pflegt die Theilnahme gering zu sein. Die gemachten Erfahrungen sprechen demnach nicht für eine Erweiterung des Instituts. Dasselbe Bedenken aber, welches der in mancher Hinsicht wünschenswerthen Verlegung der Wahl des definitiven Verwalters auf einen früheren Zeitpunkt entgegen tritt, gilt auch bezüglich der Wahl eines Gläubiger-Ausschusses. Erst in dem in § 211 der C.-O. bezeichneten Zeitpunkte kann von einer genügend constituirten Gläubigerschaft die Rede sein. Vorher pflegt die Theilnahme am Concursverfahren sich auf einzelne dem Gemeinschuldner nahe stehende oder doch besonders eifrige oder am Sitze des Concursgerichts wohnhafte Gläubiger zu beschränken. Die Wahl sowohl, als die nachherige Thätigkeit des Gewählten kann daher leicht in eine einseitige Vertretung von Sonder-Interessen umschlagen. Es ist indessen auch schwerlich ein genügender Grund zur Einrichtung eines Controll-Ausschusses schon im Stadium der einstweiligen Verwaltung nachzuweisen. Die Beschaffung von Information zum Accordtermine und die Vertretung im Accord-Verfahren selbst ist Sache jedes einzelnen Gläubigers. Die Gläubigerschaft als solche kommt dabei nicht in Betracht. Häufig tritt der Gemeinschuldner schon von selbst mit den einzelnen Gläubigern in Verbindung. Bedürfen diese weiterer Auskunft, mögen sie sich an den Verwalter oder an das Gericht wenden. Erweitert man aber, wozu die Motive Anlaß geben, den Gedanken des An-

sich noch mehr der Sächs. Entw. §§ 153. 175—178. 210—213 (Vgl. Mot. S. 759 f.). Gegen die Art, wie hier die Stimmenmehrheit berechnet wird, erklärt sich die H.-K. Plauen (C.-B. S. 42, Beil. S. 11). — Auch die neueste Englische Bill gestattet die Wahl von „inspectors“ (bei der ersten Gläubiger-Versammlung), welche eine allgemeine Aufsicht über den gewählten trustee üben. In Bremen und Lübeck aber besteht die Einrichtung nicht. Auch das Nordamerik. Gesetz enthält Nichts davon.

trages dahin, daß dem einstweiligen Verwalter ein Beirath aus der Mitte der Gläubigerschaft für den ganzen Umfang seiner Thätigkeit an die Seite gegeben werden soll, so müßte consequent daraus ein neues Rechtsinstitut — das eines einstweiligen Verwaltungs-Raths — gebildet werden.[216]) Es würden neue Vorschriften über dessen Bestellung, Geschäftskreis und Uebergang in den definitiven Verwaltungs-Rath erforderlich sein. Zu einem so verwickelten Apparat aber liegt u. E. kein genügender Grund vor. Man hat im Concurse in der Regel eine sehr einfache Verwaltung vor sich, deren Richtung gesetzlich von vorn herein feststeht. In den bei weitem meisten Fällen handelt es sich um Versilberung eines wenig bedeutenden Waarenlagers und vielleicht Subhastation eines überschuldeten Grundstücks. Die Gläubiger sind im Allgemeinen froh, mit den Einzelheiten der Verwaltung nicht behelligt zu werden. Die Einschiebung eines besonderen mehrgliedrigen Verwaltungsorgans gerade in dem Stadium der einstweiligen Verwaltung, wo es auf schnelle und geschickte Operationen wenigstens ankommen kann, im Uebrigen aber und in der Hauptsache nur die Sicherstellung und Erhaltung der Masse Aufgabe ist (§§ 151. 152. 157. C.-O.), würde das Verfahren eher lähmen, als fördern. Der Verwalter, welcher jetzt auf eigene Verantwortung handelt, würde schwanken, in welchen Fällen er die Zustimmung des Ausschusses einholen soll, und bei ablehnenden Entscheidungen die Energie und Freudigkeit des Handelns einbüßen. Haben die Gläubiger Bedenken gegen die Richtigkeit einzelner von dem einstweiligen Verwalter

216) So ungefähr faßt der Oesterr. Entw. die Sache auf: Der Gläubiger-Ausschuß wird in dem ersten, längstens 14 Tage nach der Concurseröffnung anzusetzenden Termine gewählt. Der (einstweilige) Verwalter hat bei allen „wichtigeren Verwaltungshandlungen" den Beschluß des Gläubigerausschusses einzuholen und auszuführen. Bei der allgemeinen Liquidirungstagfahrt erfolgt Neuwahl der Mitglieder, sobald ein Gläubiger solche beantragt. Ueber dem Ausschusse steht alsdann noch die General-Versammlung der Gläubiger (§§ 66 Nr. 4., 73., 78., 83., 84., 139., 140., 142., 143., 147). — Die Danziger Kaufmanns-Aeltesten bezeichnen als hauptsächliche Befugnisse des nach dem Reichenheim'schen Anlage zu wählenden Verwaltungsraths: Revision und Prüfung der Taxe und der ausstehenden Forderungen, Mitwirkung bei wesentlichen Veräußerungen aus der Masse, Mitwirkung bei der Entscheidung über Anerkennung der Forderungen — Lesse, Der Accord S. 26.

veranlaßter Abschätzungen, so können sie diese leicht beim Gericht zur Geltung bringen. Halten Sie die Anerkennung einer Forderung durch denselben nicht für gerechtfertigt, so bleibt ihnen das Recht der Bestreitung (§ 172 C.-O). Solche Fälle werden immer zu den Ausnahmen gehören. Ihretwegen eine ständige schwerfällige Einrichtung zu schaffen, würden wir für einen Rückschritt halten. Ein gewisses Vertrauen zu den gerirenden und leitenden Persönlichkeiten ist auch im Concurse erforderlich. Das Uebermaaß der Controle taugt hier ebensowenig, als im Staatsleben. Die Vorschriften der Conc.-Ordnung entbehren nicht der Elasticität und reichen für den Durchschnitt der Verhältnisse vollkommen aus. Hält man aber einen weiteren Ausbau des Instituts des Verwaltungsraths für erforderlich, so mag man dessen Wahl der constituirten Gläubigerschaft freigeben. Dann wird sich ja zeigen, inwiefern die Gläubigerschaften in Wahrheit bei der vorliegenden Frage interessirt sind. —

III. Accord.

Wie bereits in den einleitenden Bemerkungen angedeutet, befinden wir uns hier auf dem Terrain der zahlreichsten Abänderungsvorschläge. Dies darf uns nicht befremden. Das Interesse des Handelsstandes bei der Lehre vom Accorde ist ein sehr nahes. Das Concursverfahren mag sich immerhin im gewöhnlichen Gange rasch und einfach genug abwickeln; stets wird dennoch das Gesetz die vergleichsweise Erledigung desselben zu begünstigen suchen müssen, wie diese in der großen Mehrzahl der Fälle von den Gläubigern und dem Gemeinschuldner gleichmäßig zur Verminderung der Nachtheile des Concurses erstrebt zu werden pflegt. Es hieße das Leben mißachten, wenn die Gesetzgebung sich dieser Aufgabe entzöge. Dessenungeachtet war es ein ziemlich gewagtes Experiment, als die Concursordnung das französische Institut des Zwangsvergleichs (Concordat, Accord) in die Preußische Gesetzgebung einführte. Trotz mancher vorhandenen Keime waren die wesentlichen Elemente des neuen Instituts mit seinem tiefen Eingreifen in wohlerworbene Rechte, seinem leichten Hinwegschreiten über die Schwierigkeiten, welche sich sonst dem Zustandekommen von Vergleichen in der Regel entgegenstellen, bei uns völlig neu. Es konnte nicht fehlen, daß der Accord und die dadurch gewährte Möglichkeit, sich mit einem Schlage von drückender Schuldenlast zu befreien, Manchem als ein lockender Anreiz zur Zahlungseinstellung erschien. Andrerseits wirkte die Neigung der Handelswelt, zweifelhafte Verhältnisse schnell zu ordnen, auf den Entschluß der Gläubiger, mit einem kleinen, vom Gemeinschuldner angebotenen Liquidum an Stelle ungewisser Nachforderungen vorlieb zu nehmen. Die meisten Concurse wurden durch Accord beendigt [217]), und es kamen Accorde zu Stande, welche den Gläubigern oft kaum $^{1}/_{5}$, ja kaum $^{1}/_{10}$ ihrer Forderungen gewährten. So ist nicht zu verkennen, daß der Accord mitgewirkt hat, den sittlichen Makel der Zahlungseinstellung zu vermindern und die Handelsmoral herabzudrücken. Gegenwärtig macht sich nun selbst in der Handelswelt eine gewisse rückläufige Bewegung gegen die übermäßige Erleichterung und Häufung von Accorden geltend. Zwar noch immer sind Accorde zu geringen Procentsätzen an der Tagesordnung, und täglich zeigt sich, wie die Gläubiger ziemlich leichtfertig ihre Rechte aufgeben, um den Kosten, der Weitläufigkeit und Ungewißheit des Concursverfahrens möglichst bald zu entgehen. Aber wie die Strenge der Gerichte bei Bestätigung des Accordes in stetem Zunehmen begriffen ist, so ist die wachsende Aufmerksamkeit des Handelsstandes und der Juristen auf eine Verbesserung der einschlagenden gesetzlichen Vorschriften gerichtet. Im Allgemeinen allerdings ist man einig, daß das Experiment der Concursordnung nicht mißlungen ist. Nur sehr vereinzelte Stimmen richten sich gegen das Grundprincip des Accordes, den gerichtlichen Zwangsvergleich im Concurse [218]). Wir sind überzeugt, daß der Versuch, den Accord aus dem preußischen Recht zu exstirpiren, auf eine geschlossene Gegnerschaft der Handelswelt stoßen würde. Indessen, wie dem auch sein möge, die Frage, ob ein derartiger Zwangsvergleich im Concurse statthaft sein soll, wird von Neuem erst

217) Vgl. die Mittheilungen von Voigt (Note 25). Die Behauptung Koch's (C. 170. Note 100), das Accord-Verfahren habe sehr selten Erfolg, widerspricht aller Erfahrung.

218) So Kompe, Gutachten i. d. Verh. des 6. Deutschen Juristentages I. S. 169 f.

von der Norddeutschen Concursordnung gelöst werden. Gerade das Bedürfniß eines gemeinsamen Accord-Gesetzes ist ja eine Haupttriebfeder jenes größeren nationalen Werks. Wie die Lösung ausfallen wird, ist kaum zweifelhaft. Auch die gemeinrechtliche Praxis hat bekanntlich den Zwangsvergleich nicht entbehren mögen [219]), und in den neueren Particular-Gesetzen und Entwürfen ist die gleiche Tendenz der Rechtsentwicklung unverkennbar. [220]) Preußen, nachdem es sich einmal im Jahre 1855 für den Accord erklärt hat, wird der Entscheidung nicht durch eine einseitige, die Continuität der Rechtsbildung störende Reform vorgreifen. —

Dort, auf dem weiteren Kampfplatz der Norddeutschen Legislatur, wird denn auch entschieden werden, ob sich (statt des Accordes oder neben dem Accorde im Concurse) die Einführung eines gerichtlichen oder außergerichtlichen Ausgleichsverfahrens zur Abwendung des Concurses, also außerhalb desselben, nach dem Muster mancher Staaten [221]) empfiehlt, wofür manche

---

[219]) Vgl. für das ehemalige Kurhessen den Aufsatz von Stölzel in der D. Ger.-Zeitg. 1861 No. 38; für K. Sachsen: Günther, Der Concurs der Gläubiger S. 13—17; und im Allgemeinen: Puchta a. a. O. S. 218 f., 440 f.; Bayer, Conc.-Proz. § 37—39.

[220]) Den Zwangsvergleich in mannichfacher Nüancirung haben aufgenommen: das Oesterr. Ges. v. 17. Dec. 1862 (R.-Ges.-Bl. S. 297 f.), die Braunschweigische und die Badische Proc.-Ordng., die Bremer Debits-Verordnung v. 1843, der Weimar., der Oesterr. u. der Sächs. Entw. einer Conc.-Ordn. u. d. Entw. z. H.-G.-B. Art. 844 f. (Vgl. auch Art. 912 d. Württemb. Entw.) Die Comm. d. H.-B. zu Plauen bemerkt treffend, kein besseres Mittel gebe es, freiwillige Vergleiche zu fördern, als den Zwangsvergleich. So habe auch das Accord-Verfahren der Preuß. Conc.-Ordng. im Allgemeinen vollkommen befriedigt. C.-B. S. 44. — Der Zwangsvergleich findet sich auch im Englischen Recht (in der neuesten Phase dreierlei „arrangements by deed") und in dem neuesten Bankeruttgesetz der V. Staaten von Nord-Amerika. — Dagegen fehlt derselbe in der Hannöverschen Proc.-O., dem Nassauischen Conc.-Ges., der Lübecker Conc.-Ordn. v. 17. Sept. 1862 (Samml. S. 221 f.), dem Bayerischen Entw. u. dem abgekürzten Entw. z. 5. Buch d. H.-G.-B. Der letztere fand jedoch nur in der Verschiedenheit des Pfand- u. Vorrechtssystems ein zur Zeit unüberwindliches Hinderniß eines gemeinsamen Accordrechts (Motive S. 21 fgde.).

[221]) Z. B. Die sog. „concursmäßige Einleitung" in Mecklenburg — s. Trotsche, Materialien. 2. Aufl. (1853) II. S. 157 f. —; das zeitweilig eingeführte Administrations- u. Inspections-Verfahren in Hamburg u. Lübeck

beachtenswerthe Stimmen laut geworden sind. [222]). Allein ein großer Theil der mit einem solchen Verfahren gemachten günstigen Erfahrungen ist gewiß auf Rechnung der mangelhaften Gestalt des eigentlichen, namentlich des gemeinrechtlichen Concursverfahrens zu stellen [223]). Die älteren Versuche des Handelsstandes in dieser Richtung sind bei uns zum großen Theil durch den Accord obsolet geworden. Sodann liegt in einem solchen mit öffentlicher Autorität umgebenen Verfahren zur Abwendung des drohenden Concurses vielleicht gerade ein Antrieb mehr zur Zahlungseinstellung. Es ist gefährlich, der Zahlungs-Suspension auf diese Weise den letzten Makel zu entziehen. Eine bloße Zahlungsstockung ohne wirkliche Zahlungsunfähigkeit ist äußerst selten. Wo letztere aber vorhanden ist, sind die einleitenden Schritte, welche den Beginn des Concurses bis zu dem Zeitpunkt der Zulässigkeit von Accordvorschlägen bezeichnen, zur Information und Sicherheit der Gläubiger unerläßlich. Die Abwendung des Concurses ist u. E. vorzugsweise Aufgabe der Privatthätigkeit. Für das Gesetz ist ein Eingreifen in dieselbe mißlich. Wo ein gesetzlicher Zwang Platz greifen soll, ist die Concurseröffnung an ihrer Stelle; ohne solchen aber auch außerhalb des Concurses von

— s. die V. v. 2. u. 15. Decbr. 1857 bei Goldschmidt a. a. O. I. S. 144 bis 150—, das Moratorial- und Accord-Verfahren in Bremen — Debits-Verordn. §§ 102. 133 fgde.—, das Ausgleichs-Verf. in Oesterreich — s. d. cit. Ges. v. 1862—. Vgl. ferner Belgisches Fall.-Ges. v. 18. April 1851 Art. 520, Hannöversche Proc.-O. § 609; Badische Proc.-O. § 709, Weimar, Entw. §§ 525—532. Aehnlich auch in England u. Nordamerika — s. Goldschmidt II. S. 312 f., VIII. S. 522, Times v. 29. März 1867, Nordam. Ges. sec. 43. — Vgl. dagegen Oesterr. Entw. § 67, Sächs. Entw. § 271, Nass. Conc.-Ges. § 53. — Der abgekürzte Entw. z. 5. Buch d. H.-G.-B. überließ den Landesgesetzen die Einrichtung eines „Verfahrens zur außergerichtlichen Befriedigung der Gläubiger unter Vermeidung der Fallimentseröffnung." (Mot. S. 21.)

222) Lesse in s. Antrage b. Jur.-Tage — D. Ger.-Ztg. 1864 Nr. 1 — und unter Preisgebung des Zwangsvergleichs in seiner Abh. „Der Accord in d. Conc.-O. d. Nordd. Bundes —; Kompe, Verh. d. 6. D. Jur.-Tages I. S. 169 f.; Anträge der Commission des Deutschen Handelstages bei Lesse, der Accord S. 10 fgde., die H.-K. zu Plauen (C.-B. S. 44, Verh. S. 11). — Dagegen die anderen Referenten des Juristentages: Prof. v. Stubenrauch, ib. S. 41, u. Handels-Richter Rupp, ib. S. 107, auch die Mot. z. Entw. der Conc.-O. bei Goltdammer S. 29 f., u. Mot. z. Entw. d. H.-G.-B. S. 460 f.

223) Z. B. in Oesterreich. So Blodig bei Goldschmidt VI. S. 512 u. v. Stubenrauch a. a. O. S. 42.

einem Ausgleichs-Verfahren kein Erfolg zu erwarten. Selbst wenn indessen überwiegende Gründe für ein derartiges Verfahren sprechen sollten, so wird doch von keiner Seite dessen Einführung in das Preußische Concurs-Recht das Wort geredet, welche nicht ohne durchgreifende Aenderungen erfolgen könnte.

Wir wenden uns demnach zu den auf die Verbesserung des Accord-Instituts im Einzelnen gerichteten Vorschlägen. Dieselben zerfallen in drei Gruppen von theils positiver, theils negativer Richtung. Die eine bezweckt eine bessere Information der Gläubiger, die beiden anderen eine gewisse Erschwerung des Accordes, und zwar die eine durch Modificirung der Vorschriften über die Berechtigung zur Theilnahme, die andere durch Einschränkung der Zulässigkeit und der Bestätigung des Accordes. In Verbindung mit der letzteren steht ein Vorschlag, die Folgen des Concurses für die Person des Gemeinschuldners im Falle des Accordes zu mildern. Bei der Würdigung dieser Anträge wird man den großen Gesichtspunkt des Accordes, den Concurszustand aus Rücksicht für die Gläubiger, den Gemeinschuldner und das Gemeinwesen baldigst wieder zu beseitigen, nicht aus den Augen verlieren dürfen. Dieser Zweck wird sich im Allgemeinen nur da modificiren, wo ausnahmsweise Gemeinschuldner oder Gläubiger oder beide wegen ihres gewissenlosen Verhaltens die gesetzliche Rücksicht nicht verdienen. Das Maaß und die Bedingungen des gegen die Minorität im Uebrigen zu übenden Zwanges sind mehr positiver Art. Man mag dabei den Gedanken, leichtfertige Accorde abzuschneiden, nach Möglichkeit verfolgen. Nur darf man in der Erschwerung des Accordes nicht so weit gehen, daß derselbe nicht mehr als ein gewöhnliches Mittel zur Abkürzung des Concurses, sondern als ausnahmsweise Wohlthat erscheint. Dies hieße das Gleichgewicht der moralischen und wirthschaftlichen Ziele des Accord-Instituts gänzlich verrücken.

1. Information der Gläubiger.

Das Verlangen, daß das Gesetz den Gläubigern die Mittel zur vollständigen Kenntnißnahme von den einschlagenden Verhältnissen nicht versage, damit dieselben im Stande seien, einen motivirten Entschluß über ihre Zustimmung zu einem vorgeschlagenen

Accorde zu fassen, ist ein vollkommen berechtigtes. Es fragt sich nur, worin die geeigneten Mittel zu erblicken sind, und wieweit das Gesetz in der Erleichterung jener Kenntnißnahme zu gehen habe. Die Wünsche des Handelsstandes treffen wohl dieser Richtung nach, aber nicht bezüglich der zu gewährenden Mittel zusammen. Einzelne Vorschläge sind bereits oben wegen ihres Zusammenhangs mit anderen Punkten gewürdigt worden. Wir haben uns gegen die unbedingte Anordnung einer Bücher-Revision durch einen vereidigten Revisor, sowie gegen die Bestellung eines Verwaltungsraths schon im Stadium der einstweiligen Verwaltung erklärt, aber die Offenlegung des Generalberichts und der Handelsbücher des Gemeinschuldners befürwortet (s. oben S. 76 flgde.). Es schien uns nicht wider den Geist des Gesetzes, jenes Schriftstück nicht als blos für Gericht und Staatsanwaltschaft bestimmt [224]), sondern als wesentlich auch auf das Interesse der Gläubiger berechnet [225]) zu behandeln. Der Reichenheim'sche Antrag aber sowohl, als der Berliner Handelstag wollen Mehr. Jener fordert die Uebermittelung des Berichts und der Vermögensbilanz an die einzelnen Gläubiger [226]); letzterer beantragt (sub VI, 3), daß dem Massenverwalter die Verpflichtung auferlegt werden möge, einen Status auszuarbeiten und spätestens acht Tage vor dem Accordtermine im Gerichtslokale zur Einsicht auszulegen, resp. den am Gerichtsorte wohnenden oder vertretenen Gläubigern abschriftlich mitzutheilen; dieser Status habe im Allgemeinen die Lage der Masse summarisch darzustellen, in Bezug auf die Wechselverbindlichkeiten des Cridars aber dergestalt in's Einzelne einzugehen, daß die Beträge der einzelnen Wechsel, die Verfalltage und die Namen des Acceptanten, des Ausstellers und der Giranten, soweit solche aus den Büchern ersichtlich sind, darin aufgeführt werden. Wenigstens würde man unter einer „genauen Specialisirung der Wechselverbindlichkeiten" schwerlich etwas Anderes verstehen können. Allein

---

224) So Güterbock, Mängel S. 40.

225) Nach den Motiven soll der Bericht gerade auch für die Beschlußnahme über einen Accord Anhalt bieten — Goltdammer S. 338. Der Bericht ist sehr geeignet, die Mängel der allerdings häufig unzuverlässigen Vermögens-Bilanz (vgl. Koch S. 178. Note 100) zu beheben und die Gläubiger zu unterrichten, wie es eigentlich mit der Masse steht. Vgl. Oesterr. Entw. §§ 204. 205.

226) Dagegen Güterbock, Mängel S. 40; Makower S. 70.

es ist fraglich, ob das Gesetz den Gläubigern so weit zu Hülfe zu kommen hat, und ob man sich eventuell davon erheblichen Erfolg versprechen könnte. Zur gehörigen Vorbereitung des Accordes gehört zunächst, daß die abstimmenden Gläubiger über die Accordvorschläge des Gemeinschuldners unterrichtet sind. Das Gesetz läßt dieselben erst in dem Beschlußfassungstermine hervortreten (§ 184 C.-O.); die schon früher angezeigten sind nur vorläufige. In dieser Beziehung ist u. E. eine Aenderung zu empfehlen. Jener Termin ist zu spät und führt zu Uebereilungen. Um eine gehörige Würdigung der Accord-Vorschläge zu sichern und ein Feilschen im Termine zu verhüten, empfiehlt es sich u. E., dieselben jedes Mal spätestens acht Tage vor dem Accord-Termine schriftlich einbringen zu lassen und alsdann (mit den übrigen Schriftstücken) an Gerichtsstelle auszulegen.[227]) Was dagegen die Kenntniß von der Vermögenslage des Cridars betrifft, welche die Gläubiger in den Stand setzen soll, die Vortheile einer Fortsetzung des Concurses gegen die einer Beendigung durch Accord abzuwägen, so wird dieselbe ebenso, wie diese Erwägung zum Zweck der Entschließung, im Wesentlichen immer der Selbstthätigkeit der Gläubiger anheimfallen. Das Gesetz kommt ihnen bereits durch die Anordnung über Aufstellung einer Vermögensbilanz (§§ 116, 155) und eines Inventars (§§ 152 Nr. 1., 153), sowie deren Offenlegung (§ 155) und den einleitenden Vortrag des Commissars „über die Lage der Sache und über die Ergebnisse, welche von einer Fortsetzung des Concurses im Allgemeinen zu erwarten sind" (§ 184 C.-O., § 35 Min.-Instr.), entgegen. Tritt hierzu noch die vorgeschlagene Offenlegung des Berichts und der Bücher, so ist Seitens des Gesetzes alles Erforderliche geschehen. Die abschriftliche Zuferti-

---

[227]) Nach § 172 der Bremer Debits-Verordn. soll der Accordplan zur Einsicht der Gläubiger mindestens drei Tage vor dem Termin auf der Kanzlei deponirt werden. Auch nach dem Oesterr. Entw. § 216 können die vorläufig von dem Gemeinschuldner eingebrachten Ausgleichsvorschläge bei dem Massenverwalter eingesehen werden. Ebenso verlangt Koch S. 178. Note 100, daß die Vergleichsvorschläge vor dem Termine zur Kenntniß der Gläubiger gebracht werden sollen. Eine Erörterung der Vorschläge im Termine, wie sie § 36 d. Min.-Instr. vorschreibt, findet selten statt. Das Official-Princip erweist sich auch hier als unwirksam.

gung der Vermögensbilanz und des Berichts an alle bekannten Gläubiger [228]), würde die Schreiberei erheblich vermehren und Verzögerungen neben der unvermeidlichen Belästigung der Gerichte mit sich führen. Die Zwecke des besonderen Status aber werden durch Bilanz und Bericht genügend erreicht. Auch bei besonderer Vollständigkeit hinsichtlich der Wechselverbindlichkeiten würde ein scrupulöser Gläubiger weiterer Ermittelungen über die Bedeutung (den Werth) der Nebengiros und sonstiger Mitunterschriften nicht überhoben sein. Die Mühe eigener Informationseinziehung kann nun einmal das Gesetz den Gläubigern nicht völlig abnehmen. Die specielle Zufertigung auf die am Gerichtsorte anwesenden oder vertretenen Gläubiger zu beschränken, ist willkürlich (die auswärtigen hätten eher mehr als weniger Anspruch) und würde die gerügten Uebelstände nicht ausschließen.

Wenn wir demnach nur in beschränktem Maße einer Erweiterung der Publicität von Schriftstücken das Wort reden, welche auf die Abstimmung der Gläubiger über den Accord von Einfluß sein können, so scheint es uns dagegen eine Erwägung zu verdienen, ob nicht der der Selbstthätigkeit der Gläubiger gewährte Spielraum zu erweitern sei. Zwar dazu, glauben wir, liegt kein Bedürfniß vor, in jedem Falle mit dem Accordtermine bis nach „Feststellung der Activ-Masse" — ohnehin ein undeutlicher Begriff — zu warten. [229]) In dem Stadium, in welches die Concursordnung den Accord verlegt, wird die Ermittelung der Activ-Masse (§§ 151 flgd.) in der Regel weit genug vorgeschritten sein, um deren Werth nach einem ungefähren Ueberschlag beurtheilen zu können. Indessen ist nicht zu leugnen, daß die Informationsfrist bis zum (ersten) Accordtermine häufig eine kurze ist. Zuweilen stellt sich erst im Verhandlungstermine die Nothwendigkeit einer eingehenderen Erkundigung über manche Verhältnisse (z. B. die Exigibilität von Bürgen oder Pfändern) und weiteren Begutachtung der Accord-

---

228) Einzelnen Gläubigern auf deren Kosten Abschriften der in Rede stehenden Schriftstücke zuzufertigen, ist unbedenklich. Nur dies verlangt, wenigstens bezüglich des Berichts, die Danziger Kaufmannschaft (Lesse, Der Accord S. 13)

229) So Kompe a. a. O. S. 172 unter Bezugnahme auf einen älteren Vorschlag.

Vorschläge heraus. Es sollte daher den Gläubigern in solchen Fällen (wie ausnahmsweise bei Streitigkeiten dem Gericht — § 182 Alinea 6 C.=O.) gestattet sein, die Beschlußfassung bis zu einem neuen Termine auszusetzen.[230] Wird in allen Fällen die Verhandlung über den Accord bis nach dem zweiten Prüfungstermin hinausgeschoben[231], so würde die Oeconomie der Concurs-Ordnung gestört und das Verfahren zu sehr verzögert. Im Allgemeinen darf man voraussetzen, daß nach dem ersten Prüfungstermine das corpus creditorum genügend constituirt, und das Verfahren zur Gewinnung der erforderlichen Uebersicht weit genug gediehen ist. Halten indessen ausnahmsweise die Gläubiger im Accordtermine eine weitere Vorbereitung für erforderlich, so ist kein Grund, ihnen hierin entgegenzutreten. Läßt man auf Mehrheitsbeschluß die Anberaumung eines neuen Termins zur Beschlußfassung zu, so wird gleichzeitig die Möglichkeit gewährt, den Kreis der abstimmungsberechtigten Gläubiger zu erweitern, ohne daß es eines neuen Erörterungstermins (§ 182 Abs. 3.)[232] bedarf. Dabei läßt sich auch der Repräsentationsidee insoweit nachgeben, als den im ersten Accordtermin versammelten Gläubigern zu gestatten ist, einen oder mehrere aus ihrer Mitte zur näheren Prüfung und schriftlichen Begutachtung der Accord-Vorschläge durch Stimmen-Mehrheit zu wählen.[233] Von diesen ist allerdings vielleicht eine eingehendere Würdigung, als seitens des Commissars und Verwalters (§ 184 Abs. 1. C.=O.) zu erwarten. Wird auf den vorliegenden Vorschlag eingegangen, so müssen die Klagen über ungenügende Vorbereitung des Accord-Termins verstummen. Daß das Verfahren dadurch etwas

[230]) In vielen Fällen wird ein Termin genügen. Auch in England sind nicht mehr zwei Termine erforderlich — Mittermaier bei Goldschmidt VIII. S. 522. — Nach § 186 des Sächs. Entw. wird auf Antrag von Gläubigern, die mindestens ⅓ aller Forderungen repräsentiren, ein neuer Accordtermin bestimmt, wenn in dem ersten Termine ein Accord nicht zu Stande kommt.

[231]) So schlägt Lesse, Erörterungen S. 9 fgde., vor.

[232]) Vgl. Striethorst, Archiv Bd. 42. S. 296, Bd. 28. S. 183.

[233]) Vgl. Bremer Deb.-Verordn. §§ 147—159. Die bei der Vernehmung über das „Moratorial-Gesuch" zu wählenden „Deputirten der Gläubiger" vertreten jedoch gleichzeitig den provisorischen Güterpfleger.

verzögert werden kann, ist bei einem auf die Aussetzung gerichteten Antrage der Mehrheit der Gläubiger kein Nachtheil zu nennen. Dasselbe tritt auch bei einem dem § 187 d. C.-O. entsprechenden Ausfall des ersten Accord-Termins, sowie dann ein, wenn das Gericht ausnahmsweise die Aussetzung des Verfahrens nach Maßgabe des § 182 Abs. 6 d. C.-O. beschließt. Demnach würden wir folgende Bestimmung zur Ergänzung des § 187 d. C.-O. vorschlagen:

„Die Ansetzung eines neuen Termins, welcher jedoch auf vier Wochen hinausgeschoben werden kann[234]), nach Maßgabe des § 187 d. C.-O., findet auch dann statt, wenn dies von der Mehrzahl der im ersten Termine anwesenden Gläubiger wegen Mangels genügender Information nach Abgabe der Erklärungen und Vorschläge des Gemeinschuldners (§ 184) beantragt wird.

Die Gläubiger können in diesem Falle mit Einziehung näherer Erkundigung einen oder mehrere aus ihrer Mitte beauftragen, welchen der Verwalter und der Gemeinschuldner alle auf die Lage der Masse und des Verfahrens bezügliche Auskunft zu ertheilen und die einschlagenden Schriftstücke auf Erfordern vorzulegen haben."

2. Stimmberechtigung. Berechnung der Majoritäten.

Die den vorliegenden Punkt betreffenden Abänderungs-Vorschläge der Stettiner Kaufmannschaft[235]) wollen die Berechtigung zur Theilnahme am Accorde theils einschränken, theils erweitern. Durch die Einschränkung sollen unberechtigte Einflüsse von der Beschlußfassung ferngehalten; durch die Erweiterung soll allen Betheiligten die Theilnahme an der Beschlußfassung gesichert werden. In beiderlei Beziehung aber gehen u. E. die Anträge zu weit.

Es wird zunächst verlangt,

1) „daß die Ehefrau des Gemeinschuldners, die Verwandten desselben in aufsteigender und absteigender Linie, sowie

---

234) Die achttägige Frist ist zum Zweck der weiteren Information zu kurz.

235) Bericht der Vorsteher I. 2—4. Noch weiter geht ein Vorschlag der Danziger Kaufmannschaft (s. Note 236) und ihm beipflichtend Lesse, Der Accord S. 27.

die Geschwister, Schwäger und Schwägerinnen desselben zum Mitstimmen nicht zugelassen werden, und ihre Forderungen bei Berechnung der Gesammtsumme (§ 186 Nr. 2) außer Ansatz bleiben";

2) „daß alle diejenigen Forderungen, welche nach dem Tage der Zahlungseinstellung in andere Hände übergegangen sind, von der Berechtigung zum Mitstimmen ausgeschlossen werden."

Die Vorschläge seien durch die Erfahrung gerechtfertigt, daß die Gläubiger, welche dadurch berührt würden, in der Regel mit dem Gemeinschuldner zum Nachtheil seiner übrigen Gläubiger gemeinschaftliche Sache machten. Nicht selten werde der Accord dadurch zu Stande gebracht, daß der Gemeinschuldner Forderungen seiner Gläubiger „gegen einen höheren Entgelt, als den procentmäßigen Accord" aufkaufen und die neuen Inhaber dieser Forderungen für sich stimmen lasse. Der Nachweis, daß dies im Interesse des Gemeinschuldners geschehen, sei selten oder sehr schwer zu führen, und die Anfechtung werde wegen ihrer Kostspieligkeit gescheut. Soweit die Motive der Antragsteller.

Wir wollen durchaus nicht leugnen, daß dieselben aus concreten Erfahrungen hervorgegangen sind. Aber es hieße u. E. das Kind mit dem Bade ausschütten, wollte man den Anträgen nachgeben. Niemand würde eher, als der Handelsstand, die Rückkehr zum älteren Recht verlangen, wenn erst eine Anzahl vollkommen redlicher Geschäfte durch kategorische Bestimmungen, wie sie vorgeschlagen werden, betroffen wären. Von allen neueren Gesetzen und Entwürfen hat nur einer, um den Mißbrauch des Accordes zu verhüten, das Stimmrecht in ähnlicher Weise eingeschränkt.[236]) Gegen Collusionen mit Verwandten und nament-

---

[236]) § 184 des Sächs. Entw. schließt aus: den Ehegatten des Gemeinschuldners, die mit letzterem in gerader Linie verwandten oder verschwägerten Personen, die voll- und halbbürtigen Geschwister desselben, sowie die mit demselben in dem zweiten Grade der Seitenlinie verschwägerten Personen und diejenigen, auf welche die Forderungen der vorgedachten Personen durch ein Rechtsgeschäft übergegangen sind, endlich diejenigen, welche, insoweit sie nicht aus der gemeinen Konkursmasse befriedigt werden, einen Anspruch an Dritte haben. Der Grund soll das vermuthlich lediglich persönliche Interesse

lich mit der in ihren Rechten durch die Concursordnung bereits erheblich eingeschränkten Ehefrau bietet das Paulianische Rechtsmittel (§§ 99 fgde) und das richterliche Bestätigungsrecht (§ 193 Nr. 3) [237]) ausreichenden Schutz. So weit wirklich begründete Forderungen vorliegen, ist es rechtsverletzend, dieselben von der Betheiligung an einem Accorde auszuschließen. Daß aber gerade Verwandte die nächste Veranlassung haben, dem Gemeinschuldner Vertrauen zu schenken und ihm die Mittel zur Erreichung, Fortsetzung und Erweiterung seines Geschäfts zu gewähren, wird sich nicht leugnen lassen. Die Erfahrung lehrt, daß oft die Mehrzahl der Concursgläubiger aus Verwandten besteht, welchen der Vorschlag unbegreiflicherweise das Stimmrecht selbst dann versagen will, wenn sie *gegen* den Accord zu stimmen gesonnen sind. Es würde den *Credit* schwer beeinträchtigen, wenn man dergleichen Gläubigern eine so nachtheilige Stellung in Aussicht stellte. — Auch der zweite Vorschlag enthält ein Radicalmittel, welches u. E. weit über das Ziel hinausschießt. Zunächst kann nicht davon die Rede sein, etwa den Uebergang durch Beerbung oder in Folge irgend einer rechtlichen Nothwendigkeit in der vorliegenden Beziehung einer freiwilligen Cession gleich zu stellen. Aber auch an die freiwillige Cession nach der Concurseröffnung oder gar nach der Zahlungseinstellung läßt sich nicht der Nachtheil einer Ausschließung von der Theilnahme am Accordverfahren knüpfen, wenn das Gesetz nicht die Forderungen der Concurs-Gläubiger außer Verkehr setzen und redliche Geschäfte unter Strafe stellen will. Für Cessionen von Concursforderungen, wie sehr dieselben auch zur Erzielung künstlicher Majoritäten gemißbraucht sein mögen, lassen sich doch, selbst wenn dem Cedenten die Umstände seines Schuldners bekannt geworden, die unverfänglichsten Motive denken. Es kann dem Gläubiger daran gelegen sein, seine Forderung schnell, wenn auch zu einem geringeren

---

dieser Personen sein, und daß sie eher als Fremde auf spätere vorzugsweise Befriedigung rechnen dürfen (Mot. S. 798). Die *Danziger* Kaufmannschaft will die Ausschließung in ähnlicher Weise auf solche Forderungen ausdehnen, welche von Dritten durch Cession der Verwandten *innerhalb dreier Monate vor der Concurseröffnung* erworben sind (s. Note 235).

237) *Koch* S. 186. Note 8a.

Betrage, zu realisiren, um den Kosten und Wechselfällen des Concurses zu entgehen. Bei verdeckter Begünstigung einzelner Gläubiger aber, selbst wenn nicht der Gemeinschuldner, sondern andere Personen als intellectuelle Urheber anzusehen sind, [238]) kann schon nach bestehendem Recht — ohne die von einer Seite vorgeschlagene [239]) neue Bestimmung — die Bestätigung versagt werden (§ 193. Z. 2. 3. C.-O.) [240]). Ebensowenig kann nach der Concurseröffnung durch Theilcessionen die Zahl der Stimmberechtigten vermehrt werden [241]).

Den Anträgen auf Erweiterung der Theilnahmeberechtigung liegt nicht minder der Gesichtspunkt einer Erschwerung des Accords zur Verhütung eines Mißbrauchs zu Grunde. Indessen kommt dabei auch die Wahrung der Interessen der vom Accorde betroffenen und namentlich solcher Gläubiger in Betracht, welche vielleicht zu spät von der Concurseröffnung Kenntniß erlangt, und deshalb ohne Schuld ihre Forderungen nicht bis zum ersten Prüfungstermine angemeldet haben. Die Concursordnung hat bekanntlich die Theilnahme-Berechtigung dahin regulirt, daß alle festgestellten oder vorläufig durch besonderen Beschluß des Gerichts nach stattgehabter Erörterung, als wahrscheinlich in Richtigkeit beruhend, zugelassenen Forderungen an der Beschlußfassung über den Accord Theil nehmen, soweit sie weder mit einem Hypothekenrechte, Pfand- oder anderen Absonderungsrechte, noch auch mit einem Vorzugsrechte versehen sind (§ 182. 185). Bei Berechnung der erforderlichen Majorität werden nur diese stimmberechtigten Forderungen, und zwar, soweit es sich um die Kopfzahl handelt, nur die im Termine persönlich oder durch Bevollmächtigte anwesenden stimmberechtigten Gläubiger, in Anschlag gebracht (§ 186 Nr. 1. 2). Ein anderer Unterschied unter den stimmberechtigten

---

238) Gegen solche Benachtheiligung der übrigen Gläubiger schützt auch die Androhung öffentlicher Strafe in § 309 C.-O.

239) Lesse, Erörterungen S. 35, Der Accord S. 28.

240) Deutsche Ger.-Ztg. 1859 No. 50. S. 2, 1861 No. 1, Erk. d. Obertrib. v. 18. December 1862 (Striethorst, Arch. Bd. 46. S. 353). Das Gericht kann die Betheiligten vor der Bestätigung eidlich vernehmen (§ 191. Al. 3. C.-O.).

241) § 186. No. 1 C.-O. Goltdammer S. 366. Lesse, Erört. S. 22. Oesterr. Ausgleichsges. v. 17. December 1862 § 30a.

Gläubigern ist nicht gemacht. Die im Concurse nicht angemeldeten Forderungen kommen nur insofern in Betracht, als der Accord allen durch denselben betroffenen Gläubigern gleiche Rechte gewähren muß (§ 186 Nr. 3); zur Abstimmung werden sie so wenig zugelassen, als sie bei Berechnung der Majoritäten mitgerechnet werden [242]). Die Stettiner Kaufmannschaft will nun zwar zum Mitstimmen nur diejenigen Gläubiger zulassen, welche ihre Forderungen angemeldet haben, jedoch bei Berechnung der zur Entscheidung nöthigen Summe (§ 186 Nr. 2) die ganze Summe der von dem Gemeinschuldner oder dem Verwalter angegebenen nicht bevorrechteten Passiva in Ansatz bringen. [243]) Der Berliner Handelstag dagegen beantragt, zusätzlich zu bestimmen, daß, falls Forderungen im Concurse angemeldet sind', für die neben dem Gemeinschuldner noch andere solidarisch Mitverpflichtete verhaftet sind, und außerdem Forderungen, für die der Gemeinschuldner allein haftet, der Accord nur dann als angenommen gelte, wenn die Majorität der Personen und Forderungen beider Kategorieen sich für den Accordvorschlag erklärt. [244]). Das Princip mithin, daß nur angemeldete Forderungen stimmberechtigt sind, ist nicht angefochten, wiewohl der Accord auch alle nicht an dem Concurse Theil nehmenden Concurs-Gläubiger ergreift. In der That darf man erwarten, daß, wer sich an dem Accorde betheiligen will, seine Forderung im Concurse anmelde und damit den übrigen Gläubigern die Möglichkeit der Prüfung und eventuell des Bestreitens gewähre. Giebt man dies für die Stimmberechtigung zu, so spricht schon die Consequenz für den gleichen Grundsatz bei Berechnung der Majorität der Forderungen. Wer den gesetzlichen

---

242) Nach dem Sächs. Entw. § 184 werden zur Abstimmung nur unbestrittene Forderungen zugelassen (Vgl. dagegen den C.-B. d. 2. K. bei Goltdammer S. 359). Bei den Majoritäten werden nur stimmberechtigte Forderungen berücksichtigt (§ 180. No. 2, 185. 186). Der Oesterr. Entw. steht auf dem Standpunct des Preuß. Rechts (§ 211—215. 219). Das Oesterr. Ausgleichsgesetz § 30 berücksichtigt gleichfalls nur angemeldete Forderungen; die Bremer Verordn. nur die erschienenen Gläubiger (§ 183).

243) Bericht der Vorsteher I. 2.

244) Beschlüsse des ersten Preuß. Handelstags VI. 5.

Weg versäumt, um seine Forderung beim Abschluß eines Accordes zur Geltung zu bringen, hat sich die Nichtberücksichtigung selbst beizumessen. Nur eine vage „Billigkeit" kann die Computation nicht angemeldeter Forderungen fordern. Die bloße Angabe des Gemeinschuldners oder des Verwalters oder selbst die übereinstimmende Angabe beider ist keine genügende Garantie für die Richtigkeit. Gerade im Hinblick auf den Accord können falsche Angaben gemacht werden, ohne daß der Verwalter sich zu sorgfältigen Untersuchungen, wie vor der präjudicirlichen Anerkennung (§ 173) von Liquidaten, veranlaßt sehen würde. Wir würden demnach dabei stehen bleiben, daß nur angemeldete Forderungen zu berücksichtigen sind. Bereits in dem vorigen Abschnitt dagegen ist erwähnt, daß bezüglich dieser eine Erweiterung der Stimmberechtigung von Werth sein kann (S. 90). Daß auch solche Gläubiger, welche erst nach dem Prüfungstermin angemeldet und bis zur Beschlußfassung über den Accord festgestellt sind, zu der letzteren wenigstens dann, wenn der Accord erst nach Abhaltung des ersten Prüfungstermines proponirt ist, heranzuziehen seien, nimmt bereits die Praxis an. [245]) Allein man wird vielleicht auch ohne vorgängige Prüfung und Feststellung die erst nach dem ersten Prüfungstermine angemeldeten Forderungen zulassen dürfen, sofern sie nach stattgefundener Erörterung (§ 182) als wahrscheinlich richtig befunden werden. [246]). Auch bei dem Erörterungstermine haben ja noch sämmtliche Gläubiger Gelegenheit, dergleichen ungeprüfte Forderungen zu bemängeln, zumal, wenn derselbe stets öffentlich bekannt gemacht würde, was auch im Interesse der Conformität des Publicationsmodus wünschenswerth wäre. Freilich muß diese Möglichkeit nachträglicher Theilnahme noch vor dem eigentlichen Accord-Termine, welcher dadurch keinesfalls verzögert werden darf, ein Ende haben. Besondere Erörterungs-Termine für verspätete Liquidate anzusetzen, ist u. E. kein Bedürfniß. — Will man aber der späteren Anmeldungen wegen den Accord stets erst nach dem zweiten Prüfungstermine zulassen [247]),

[245]) Erk. d. Obertrib. v. 11. Febr. 1858 (Entsch. Bd. 38. S. 434). Vgl. Note 232.

[246]) So schlägt Güterbock vor (Mängel S. 7).

[247]) So Lesse, Erört. S. 9 (gleichzeitig gegen Güterbock); „Der Accord" S. 3.

so würde das System der Concursordnung verschoben und die Liquidation der Masse allzusehr verzögert werden. Von gewissen Nachtheilen wird die verspätete Betheiligung am Concurse niemals ganz befreit werden können.

Eine Sonderung der Stimmberechtigten, je nachdem Mitverpflichtete vorhanden sind oder nicht, wie sie der Handelstag empfiehlt, scheint uns in hohem Grade bedenklich, ja kaum ausführbar. Allerdings besteht in kaufmännischen Concursen oft die Mehrzahl aller Liquidate aus Wechsel-Forderungen, welche dadurch häufig vor anderen Forderungen im Vortheil stehen, daß für sie noch andere Schuldner verhaftet sind. Selbst wenn diese gleichfalls in Concurs verfallen sind, kann die Wechselforderung doch bei der Geltendmachung der solidarischen Verbindlichkeit (§ 87 C.=O.) vollständig befriedigt werden. Der Handelstag hat deshalb die Wechselforderungen schon insofern besonders hervorgehoben, als er für die Vorbereitung des Accordes bezüglich ihrer eine besonders genaue Information wünscht (s. oben III., 1. — Seite 87). Eine gewisse Billigkeit scheint somit in der That für den Vorschlag zu sprechen. Allein der Begriff der Mitverpflichtung ist kein sicheres Kennzeichen des Werths der Forderungen. Oft ist dieselbe nur scheinbar oder werthlos, weil der Correus ohne Vermögen ist. Die Analogie des § 185 Abs. 1. der C.=O. ist nicht zutreffend. Es ist sehr fraglich, ob die Mitverpflichtung geltend gemacht wird, und ob sie überhaupt von irgend welcher Bedeutung ist. Soll diese Bedeutung geprüft werden, so würde das Verfahren leicht verzögert werden können. Die Untersuchung schon, ob Mitverpflichtete vorhanden sind [248], erledigt sich nicht immer so einfach, wie bei Wechseln. Dieselbe gehört aber überhaupt nicht in den Concurs, noch weniger in das vorliegende Stadium desselben. Was man durch die itio in partes zu erreichen sucht, daß nicht die eine Kategorie von Gläubigern durch die andere übervortheilt werde, ist überdies schwerlich zu erreichen. Werden heutzutage leicht die Buch=Gläubiger von den Wechsel=Gläubigern überstimmt, so könnten

---

[248]) Eine bloß reale Mitverpflichtung, soweit sie nicht unter § 185 Nr. 2. d. C.=O. fällt, z. B. bei von Dritten bestellten Pfändern, würde ebenso behandelt werden müssen.

dann die Rechte zahlreicher, bedeutender, auf den materiellsten Unterlagen beruhender Forderungen durch eine geringe Zahl anderer Gläubiger beeinträchtigt werden, wenn diese sich aus irgend welchen Gründen einem vortheilhaften Accorde widersetzen. Auch in der vorliegenden Beziehung dürfte es demnach bei dem bestehenden Recht zu belassen sein.

3. Zulässigkeit des Accordes. Bedingungen der Bestätigung. Folgen.

a. Unstatthaftigkeit eines wiederholten Accord-Verfahrens.

Dieselbe ist (abgesehen von § 187) bekanntlich Gegenstand einer Controverse.[249]) Mögen immerhin für die Statthaftigkeit de lege lata bei der laxen Fassung und der Entstehungsgeschichte der einschlagenden Bestimmungen überwiegende Gründe sprechen, so sind doch auch die der entgegenstehenden Ansicht nicht ohne erhebliches Gewicht, so daß mindestens eine authentische Declaration wünschenswerth bleiben müßte. Der Preußische Handelstag beantragt: zusätzlich festzusetzen, daß in einem jeden Concurse nur ein Accord-Verfahren stattfinde, der Kridar daher nicht befugt sei die Einleitung eines neuen Accordverfahrens zu verlangen, wenn der von ihm offerirte Accord verworfen, oder der Vorschlag außer dem Falle des § 187 von ihm selbst verändert, oder zurückgezogen worden.[250]) U. E. hat dieser Antrag Anspruch auf Berücksichtigung. Die nur durch die Grundsätze von der res iudicata begrenzte Statthaftigkeit neuer Accordvorschläge läßt sich von unwürdigen Gemeinschuldnern zu einem Markten mit den Gläubigern und zu einer dem Geiste der Concurs-Ordnung widerstrebenden Verschleppung des Verfahrens ausbeuten und wird in der That nicht selten in dieser Weise gemißbraucht. Den Gläubigern werden Kosten, dem Richter Mühe und Zeitaufwand verursacht und eine unwürdige Stellung zugemuthet. Der Fort-

---

249) Vgl. v. Roenne, Erg. 5. Ausg. Bd. 3. S. 579 fgde. Für die Bejahung in neuerer Zeit namentlich: Die Erk. des Ober-Trib. bei Striethorst, Arch. Bd. 37. S. 345, Entsch. Bd. 44. S. 263; Koch S. 179. Note 2d. 3 (2. A.), 198. Note 20a. Dagegen Makower a. a. O. S. 57 fgde.

250) Beschlüsse des ersten preuß. Handelstages sub VI. 4. Vgl. auch Güterbock, Mängel S. 16.

gang des Verfahrens zwar soll nach der richtigen Meinung durch Accord-Vorschläge, welche erst nach Bestellung des definitiven Verwaltungspersonals eingehen [251]) nicht aufgehalten werden [252]); dennoch geschieht dies thatsächlich, weil die Thätigkeit des Concursrichters durch den Accord in Anspruch genommen wird, und es zu nahe liegt, vor Ergreifung wichtiger Maßregeln den Erfolg eines nahen Accord-Termins abzuwarten. Durch eine ausdrückliche Bestimmung in jenem Sinne würde daher Nichts gebessert werden. Nur eine halbe Maßregel ist es auch, wenn, wie man zuweilen vorschlagen hört, wohl ein zweimaliges, aber kein weiteres Accord-Verfahren zugelassen würde. Kann zum zweiten Mal das Bedürfniß eines Accordes eintreten, so ist nicht abzusehen, warum nicht auch zum dritten und vierten Mal. Ebensowenig würde eine Vorprüfung neuer Vorschläge durch Verwalter, Verwaltungsrath oder Gericht helfen. Die Vertreter der gesammten Gläubigerschaft sind kein passendes Organ für Prüfung von Accordvorschlägen, und ebensowenig entspricht eine solche der Stellung des Gerichts. Man hat daran gedacht, dem Gemeinschuldner bei neuen Vorschlägen einen Calumnien-Eid abzufordern. Indessen die Einführung eines solchen vermehrt die Zahl der Eide, verstößt gegen die Preußische Rechtsentwickelung und ist von zweifelhaftem Erfolge. Wir vermögen überhaupt kein Bedürfniß, ein wiederholtes Accordverfahren zuzulassen, anzuerkennen, wenigstens nicht ein solches Bedürfniß, das nicht durch die entstehenden Nachtheile reichlich aufgewogen würde. Man kann von dem Gemeinschuldner verlangen, daß, ehe er sich überhaupt zu Accordvorschlägen entschließt, er seine ganze Kraft, die Stärke seiner geschäftlichen und gesellschaftlichen Verbindungen aufbiete, um genügende Deckungsmittel zu beschaffen, und nicht darauf rechne, die Gläubiger

---

251) Ueber deren Statthaftigkeit s. Entsch. Bd. 38. S. 437.

252) Hartmann bei Gruchot, Beitr. II S. 278 fgde.; Just.-Min.-Rescr. v. 25. September 1859 in d. 2. amtl. Ausg. d. Conc.-O. S. 180. Im gemeinen Concurse wird durch das Accordverfahren die Bestellung des definitiven Verwalters niemals und die Realisirung der Masse nur nach Ermessen des Gerichts (bei vortheilhaften Accorden) aufgehalten (§ 337 C.-O.). Es fragt sich, ob diese von den Kammer-Commissionen eingefügte Vorschrift nicht der Ausdehnung auf alle Concurse fähig wäre. Das Ermessen des Gerichts sichert die Interessen der Gläubiger.

allmählich zu ermüden. Den Stand der Masse wird er, soweit es für den Zweck des Accordes erforderlich, hinreichend zu übersehen im Stande sein. Die Fälle offenbarer Irrthümer oder wirklicher Veränderungen sind selten. Fühlbare Härten sind also kaum zu besorgen. [253]). Demnach würde sich etwa folgende Bestimmung im Anschluß an § 189 der O. empfehlen:

„Wenn der Accord abgelehnt, dessen Bestätigung versagt [254]), oder nach Abhaltung des Termins zur Verhandlung und Beschlußfassung über den Accord das Accordverfahren auf Antrag des Gemeinschuldners eingestellt ist [255]), so findet ein weiteres Accord-Verfahren nicht statt". [256])

b. Verhalten des Gemeinschuldners.

Wie das Institut des Accordes eine bedeutende publicistische Seite darbietet, ja vorwiegend aus publicistischen Rücksichten hervorgegangen ist, so bedarf es auch der Corrective von ähnlichem Gehalt. Daher die Vorschriften über die Unzulässigkeit (§. 189), die gerichtliche Bestätigung (§§ 190 fgde.) und die Nichtigkeit des Accordes (§§ 202 fgde. d. C.-O.). Ein starkes Element ist darin das Verhalten des Gemeinschuldners. Ist derselbe flüchtig oder wegen betrüglichen Bankerutts auch nur vorläufig [257]) in Anklagestand versetzt, so ist der Accord unzulässig; bei nachträglicher Verurtheilung des Cridars wegen betrüglichen Bankerutts ist der Accord von Rechtswegen nichtig; außerdem kann der Accord als nichtig angefochten werden, wenn der Thatbestand des betrüglichen Bankerutts oder der heimlichen Bestechung von Gläubigern dem Civilrichter nachgewiesen werden kann. Endlich hat das Ge-

253) Es bleibt ja auch immer noch der außergerichtliche Vergleich offen (§ 210 C.-O.).

254) Bei dem in Folge eingetretener Nichtigkeit des Accords fortgesetzten Concursverfahren kann nach § 206 C.O. ein nochmaliger Accord nicht geschlossen werden.

255) Einer bloßen Veränderung des ursprünglichen Vorschlags im Laufe der Verhandlungen dürfte die fragliche Wirkung nicht beizulegen sein.

256) Aehnlich der Sächs. Entw. § 190. Der Oesterr. Entw. enthält keine ausdrückliche Vorschrift.

257) Die Bedeutung dieses Ausdrucks ist dunkel — Koch S. 182. Note 4a.

richt [258]) die Bestätigung u. A. bei gegründetem Verdacht einer heimlichen Begünstigung eines Gläubigers oder einer betrüglichen Zustandebringung des Accordes, sowie dann zu versagen, wenn in anderer Weise das Interesse der öffentlichen Ordnung oder der Gläubiger durch den Accord benachtheiligt erscheint. Die von lediglich privatrechtlichem Standpunkte gegen diese Vorschriften und die darin vermeintlich enthaltene Bevormundung erhobene Opposition [259]) hat keinen weiteren Anklang gefunden. Man dringt im Gegentheil auf nähere Präcisirung und in neuerer Zeit auf Erweiterung der gedachten Bestimmungen. Von mehreren Seiten ist namentlich einem Vorschlage beigestimmt, welcher an Stelle jener generalis clausula die Bestätigung bei unredlichem oder unlauterem Verhalten des Gemeinschuldners versagen will [260]). U. E. wäre damit Nichts gewonnen. Der Begriff namentlich eines „unlauteren" Verhaltens ist nicht minder unbestimmt, als der des „Interesse der öffentlichen Ordnung". Der letztere hat aber den Vorzug der größeren Elasticität. Er umfaßt nicht nur eine Berücksichtigung des Verhaltens des Cridars vor und in dem Concurse in vollem Umfange, sondern auch des Inhalts des Accordes, und selbst daraus kann auf Grund des § 193 Nr. 3 der C.-O. ein Grund zur Versagung der Bestätigung entnommen werden, daß der Richter bei der Lage der Sache der Beendigung des Concurses durch Accord überhaupt entgegen treten zu müssen glaubt. [261]) Nur bei freiem

---

258) Das Gericht scheint uns ein geeigneteres Organ, als der Commissar, welchen die Handelskammer zu Breslau (Kompe a. a. O. S. 172) vorschlägt. Es ist ein Vortheil, die Bestätigungsfrage durch ein völlig unbefangenes Collegium erwägen zu lassen. — Ein beachtenswerther, der Analogie des § 126 C.-O. entsprechender Vorschlag Güterbocks (Mängel S. 15) ist es, der Appellation gegen das die Bestätigung versagende Erkenntniß den Suspensiv-Effect zu entziehen. Die Revision hält die Praxis nicht für zulässig (Entsch. Bd. 38. S. 439).

259) Kompe a. a. O. S. 174.

260) So Güterbock S. 12 fg. und nach ihm Makower a. a. O. S. 72. 73; Lesse. Erört. S. 26 fgde. Der Accord S. 4. 24 fgde.

261) Striethorst, Arch. Bd. 63. S. 325 fgde.; Entsch. d. Obertrib. Bd. 40. S. 000. In Frankreich hat man dem „pour cause d'inconduite ou de fraude" (art. 526 d. code de comm.) in dem Fall.-Ges. gleichfalls das Interesse der öffentlichen Ordnung substituirt. Nach Englischem Recht hatte der richterliche Commissar die Bestätigung des Accords bei (näher detaillirtem) unwürdigem

Ermessen können in wirksamer Weise die Nachtheile leichtfertiger Accorde verhütet, der Credit und die Handelsmoral geschützt werden. Schon jetzt wird von den Gerichten in den schwereren Fällen des einfachen Bankerutts auf Grund jener Bestimmung wegen Unwürdigkeit des Gemeinschuldners die Bestätigung versagt.[262]). Das Gesetz hielt es für sachgemäßer, den Accord bei einfachem Bankerutt nicht schlechthin für unzulässig zu erklären, sondern die Frage „der eigenen Beurtheilung der Gläubiger und dem pflichtmäßigen Ermessen des Gerichts“ zu überlassen.[263]) Dies will der Stettiner Kaufmannschaft[264]) nicht genügen. Sie fordert, daß der Antrag auf Schließung des Accordes auch dann für unzulässig erklärt werde, „wenn der Gemeinschuldner wegen einfachen Bankerutts in Anklagestand versetzt ist, bis er freigesprochen ist.“ U. E. verdient das bestehende Recht den Vorzug. Die Verschuldung bei den Fällen des einfachen Bankerutts (§ 261 Nr. 1—4 des Strafgesetzbuchs) ist eine zu ungleiche, als daß das Gesetz daran absolut die Unzulässigkeit und consequenter Weise bei nachträglicher Verurtheilung die Nichtigkeit des Accordes knüpfen könnte. Bei Ausschweifung, Börsenspiel oder völlig unterlassener Führung von Handelsbüchern wird schon jetzt kaum ein Gericht anstehen, die Bestätigung

---

Verhalten des Schuldners zu versagen. Eine umfassende Untersuchung dieses Verhaltens fand auch bei Ertheilung des sog. Certificats statt. — Güterbock bei Goldschmidt II. S. 304 fgde., 317 fgde. Nach der neuesten Bill kann der Hof bei Annahme bloßer Frivolität oder eines Verschleifs oder Betruges den deed für einen act of bankruptcy erklären. Aehnlich das Nordamerik. Ges. sec. 30—35. 39—43. Die gerichtliche Bestätigung ohne Clausel hat Bremen (§ 181). Vgl. Badische C.-P.-O. §§ 709—712, Braunschw. C.-P.O. § 309.

[262]) Vgl. die Note 261 cit. Obertrib.-Entsch. u. Arch. f. Rechtsf. Bd. 30. S. 183, sowie die entsprechende franz. Praxis bei Sirey T. 8. 2. p. 261, Dalloz Tom. 15. p. 180.

[263]) Goltdammer S. 370. — § 189 d. C.-O. deutet darauf noch besonders hin, insofern vor der Beschlußfassung der Gläubiger eine Aeußerung d. Staats-Anwalts über die in der Untersuchung wegen einfachen Bankerutts ermittelten Thatumstände eingeholt und den Gläubigern mitgetheilt werden soll. — Auch hier ist das neuere franz. Recht von der Strenge des älteren (code de comm. art. 521: „quelque présomption de banqueroute“) abgegangen und das Vorbild der Preuß. Conc.-O. geworden.

[264]) Bericht d. Vorsteher I. 1. — Nur die Bestätigung bei fahrlässigem Bankerutt will verweigern v. Stubenrauch a. a. O. S. 42.

zu versagen. Die bloß *ungenügende* Buchführung dagegen, die Unterlassung der Bilanz-Ziehung oder die Contrahirung neuer Schulden nach eingetretener Ueberschuldung sind oft durch Unkenntniß oder sonst in gewissem Grade entschuldbar, so daß sich die Verwerfung eines für die Gläubiger vortheilhaften Accord-Vorschlages kaum rechtfertigt. Selbst innerhalb dieser gesetzlichen Kategorieen sind die verschiedensten Abstufungen der Verschuldung denkbar. Es kommt eben Alles auf die Umstände des Falles an. Das Ermessen des Gerichts trifft das Richtige sicherer als eine kategorische Gesetzesvorschrift.[265]) Eine andere Frage ist es, ob nicht eine ausdrückliche Vorschrift dahin aufzunehmen sein möchte, daß die Bestätigung des Accordes für solche Gemeinschuldner zu versagen sei, *über deren Vermögen bereits ein Mal der Concurs eröffnet worden*; jedoch auch hier nicht kategorisch, sondern, damit eine

---

265) Auch die *Danziger* Kaufmannschaft u. *Lesse*, d. Accord S. 28, wollen bei Verurtheilung wegen einfachen Bankerutts nur „*in der Regel*" die Bestätigung verweigert wissen. — Nach dem *Oesterr. Ausgleichsgesetz* kann der *definitive* Gläubiger-Ausschuß sogleich den Concurs eröffnen lassen, wenn der Verdacht einer strafgesetzlich verbotenen Handlung obwaltet, oder die Geschäftsbücher gar nicht oder zu mangelhaft geführt sind. Die *Bestätigung* des Ausgleichs ist an ähnliche Rücksichten nicht gebunden. Bei schuldbarer Crida aber (§ 486g d. Straf-Ges.) kann der Cridar den Ausgleich nicht geltend machen (§§ 13. 33. 36). Noch strenger ist der *Oesterr. Entw.*: Nach § 210 ist die Einleitung des Ausgleichs-Verfahrens unzulässig u. A., *wenn der Gemeinschuldner schon einmal im Concurs oder Ausgleichs-Verfahren sich befunden hat*; ferner so lange er sich wegen Schulden auf flüchtigem Fuße befindet; ferner wenn er eines Verbrechens aus Gewinnsucht angeschuldigt oder wegen des Vergehens der schuldbaren Crida in Anklagestand gesetzt ist, oder gar keine oder ungenügende Handelsbücher geführt hat. Die Prüfung bei der Bestätigung erstreckt sich nur auf Zustandekommen und Inhalt des Ausgleichs (§ 230). Die Nichtigkeit des Ausgleichs tritt bei Verurtheilung des Gemeinschuldners wegen *Betruges* ein (§ 243). — Nach dem *Sächs.* Entw. ist dem Antrage auf Einleitung des Accord-Verfahrens nur stattzugeben, wenn der Gemeinschuldner sich nicht auf der Flucht befindet, auch ein Antrag auf Einleitung des Strafverfahrens wegen *böslichen* Bankerutts nicht gegen ihn vorliegt. Diese Umstände hindern auch die Fortsetzung des Accord-Verfahrens und ebenso wie heimliche Begünstigung oder Betrug, die Bestätigung des Ausgleichs. Die Nichtigkeit des Accords kann aus den in § 203 d. Pr. Conc.-O. enthaltenen Gründen geltend gemacht werden. Entsteht außer diesem Falle ein *neuer Concurs*, so ist ein *Accord-Verfahren in demselben nicht zulässig* (§§ 180. 189. 194. 202. 203).

Würdigung der Umstände nach Anhörung der Gläubiger möglich bleibt, nur dann, wenn nicht nachgewiesen wird, daß der frühere Concurs nicht in einem die Bestätigung eines Accordes ausschließenden Grade vom Gemeinschuldner verschuldet worden sei. Schon jetzt zwar wird in dergleichen Fällen häufig die Bestätigung nicht ertheilt. Es ist jedoch fraglich, ob sich dies nach dem Gesetze rechtfertigen läßt.[266]) Auch ist eine einheitliche Praxis in der vorliegenden Beziehung wünschenswerth. Die Erfahrung lehrt, daß der Accord gerade von gewohnheitsmäßigen Concursmachern gemißbraucht wird. Wer bereits einmal fallirt hat, hat in der Regel hinlänglich seine Unfähigkeit, mit gesetzlicher Hülfe zur Retablirung zu gelangen, documentirt. Die Gläubiger haben in solchem Falle geringe Aussicht auf Erfüllung der accordmäßigen Verpflichtungen und verdienen schon deßhalb in geringerem Maße Berücksichtigung, weil sie einem früheren Falliten creditirt haben.

c. Inhalt des Accordes. Majoritäten.

Das bestehende Recht knüpft den Abschluß des Accordes nur an 3 Erfordernisse: 1) die Einwilligung der Mehrzahl der im Termine anwesenden stimmberechtigten Gläubiger; 2) diese Mehrzahl muß wenigstens drei Viertheile der Gesammtsumme der zum Mitstimmen berechtigenden Forderungen repräsentiren; 3) der Accord muß allen betroffenen Gläubigern (in Ermangelung ausdrücklicher Einwilligung der zurückgesetzten) gleiche Rechte gewähren (§ 186). Abgesehen von dieser letzteren Vorschrift (sub. 3) bestimmt die Concursordnung Nichts über den Inhalt des Accordes, welchen gleichwohl der Richter bei der Bestätigung zu berücksichtigen hat.[267]) Eine ziemlich vereinzelte Stimme dagegen beantragt, den Antrag auf Accord für unzulässig zu erklären, wenn nicht mindestens ein Gebot von 33⅓ Procent Seitens des Gemeinschuldners gemacht werde.[268]) U. E. widerspricht dieser Vorschlag

---

266) Lesse, Erörter. S. 30.

267) Vgl. Note 261. 262.

268) Antrag der Danziger Kaufmannschafts-Aeltesten bei Lesse, Der Accord S. 13.

einem Grundgedanken des Instituts. Soll dem Gemeinschuldner seine wirthschaftliche Retablirung ermöglicht werden, so wird sich nicht ein für alle Mal eine äußerste Grenze für den Inhalt des Accordvorschlages fixiren lassen. Die Höhe der Accordsumme, wie die Zahlungs-Modalitäten, richten sich vielmehr durchaus nach den Umständen des Falles. Will die überwiegende Mehrheit der Liquidanten nach Kopfzahl und Betrag sich mit schlechten Bedingungen begnügen, so hat u. E. das Gesetz nicht entgegen zu treten. Hier läge in der That eine Bevormundung der Gläubiger durch das Gesetz vor, wenn ein bestimmter Procentsatz schlechterdings erreicht werden müßte. Allerdings handelt es sich um einen Zwangs-Vergleich, welcher auch die nicht am Concurse Theil nehmenden Gläubiger bindet. Allein, da alle Gläubiger Gelegenheit haben, sich zu betheiligen, so darf das Gesetz von der Voraussetzung ausgehen, daß die nicht theilnehmenden sich dem Mehrheitsbeschlusse unterwerfen. Auch den meisten neueren Gesetzen und Entwürfen ist diese Beschränkung fremd. [269]) — Dagegen wird vielfach über die bloße Mehrzahl bei Berechnung der Kopfzahl-Majorität hinausgegangen [270]), wenngleich manche Länder nach mehrfachen Schwankungen sich dem System der Concursordnung angeschlossen haben. [271]) U. E. fällt der Schwerpunkt im-

269) Der Oesterr. Entw. ist von dem Erforderniß eines bestimmten Procentsatzes (Ausgleichsges. § 38 — 60 Procent binnen 2 Jahren) zurückgekommen (§§ 219. 223 fgde.) Nach der Bremer Deb.-Verordn. ist die Höhe der Procente nur auf die Dauer der auch den Widersprechenden aufgenöthigten Stundung von Einfluß (§ 248). Dagegen verlangt allerdings der Sächs. Entw. bei Nichtkaufleuten ein Angebot von mindestens 50 Proc. (§ 180. No. 3).

270) Das Oesterr. Ausgleichsges. § 30 u. der Oesterr. Entw. § 219 erfordern ⅔ der Gläubiger (u. ¾ der Ford.); (ebenso das Holländ. Ges. Art. 481 u. Portug. Ges. Art. 1294); die Badische Proc.-O. § 710 einfache Mehrheit der Stimmberechtigten (für den Stundungs-Vergleich); die Braunschweigische C.-P.-O. § 309 mehr als die Hälfte der Betheiligten (u. ⅔ der Ford.); die Bremer Deb.-Verordn. § 182 wenigstens die Hälfte der Gläubiger (u. ⅔ der Ford.); der Sächs. Entw. § 185 einfache Mehrheit der Abstimmenden (u. ¾ der Forderungen); der Weimar. „die nach dem Betrag der Forderung und bei deren Gleichheit nach den Köpfen zu bestimmende Mehrzahl der vom Schuldner anerkannten Gläubiger" (§ 525—527. 530. 531).

271) Vgl. Güterbock bei Goldschmidt II. S. 312 f., F. Mittermaier das. VIII. S. 522 f.; Times v. 29. März 1867 p. 10 (a majority in number, representing three fourths in value). Ebenso Nordamerik. Ges. sec. 43.

mer in den Betrag der Forderungen. Die Kopfzahl-Majorität ist nicht von gleicher Bedeutung und dient wesentlich nur zum Schutz der kleinen Gläubiger.[272]). Eine erhebliche Erschwerung des Accordes würde daher weder dann erreicht, wenn eine höhere Majorität (etwa $^2/_3$ oder gar $^3/_4$) erfordert würde, noch dann, wenn man die Majorität nicht nach der Mehrzahl der anwesenden, sondern, wie man vorgeschlagen hat[273]), nach der aller stimmberechtigten Gläubiger berechnete. Letzterer Vorschlag hat noch den inneren Grund gegen sich, daß eine Abstimmung nur unter Anwesenden vor sich gehen, also auch füglich nur unter diesen von einer Majorität die Rede sein kann. Im Uebrigen ist die Erhöhung der Majorität mehr oder weniger positiv und unterliegt den subjectivsten Erwägungen.

d. Folgen für die Person des Gemeinschuldners.

Für den Fall, daß ein bestimmter Procentsatz, vielleicht auch eine bestimmte Zahlungsfrist zur Bedingung des Accordes gemacht werde, hat man vorgeschlagen, die nach §§ 310. 318 d. C.-O. den Gemeinschuldner treffenden persönlichen Folgen aufzuheben, sobald der Accord bestätigt, und die Zahlung der Accord-Raten nachgewiesen worden. Die Gründe sind indessen von jener Voraussetzung unabhängig. Man findet die in Rede stehenden Vorschriften bei Accorden zu hohen Procentsätzen und kurzen Zahlungsfristen zu hart. U. E. könnte es sich eher fragen, ob die gedachten Vorschriften nicht zu verschärfen seien. Um die Scheu vor dem Concurse zu erhalten, bedarf es gewisser an der Concurseröffnung haftenden Nachtheile für die Person des Gemeinschuldners, welche auch nach beendigtem Concurse sich äußerlich im öffentlichen Leben manifestiren. Die Concursordnung hat den in dieser Beziehung in Special-Gesetzen vorfindlichen zerstreuten Bestimmungen[274]) nur eine festere Grundlage zu geben ge-

---

272) Goltdammer S. 365.

273) Güterbock, Mängel S. 8 (unter Bezug auf neuere franz. Praxis).

274) Vgl. dieselben in d. Mot. z. C.-O. S. 130 f.; auch d. Auff. in Busch's Arch. Bd. 9. S. 1 f. In neuester Zeit sind dieselben vermehrt (s. Ges.-S. 1867 S. 997 — Str.-Pr.-O. § 276 Z. 10 —; S. 1139 — Verordn. v. 5. Juli 1867 § 25). Einige Zweifel erörtert Lesse, Erört. S. 30 fgde.

sucht. Im Falle des Accordes sind diese Folgen bereits erheblich modificirt. U. E. ist man damit bis an die äußerste Grenze gegangen. Auch bei Accorden, welche den Gläubigern hohe Dividenden in kurzer Zeit bieten, kann der Concurs auf einem höchst verwerflichen Verhalten des Gemeinschuldners beruhen. Dennoch soll der Gemeinschuldner bei rechtskräftig bestätigtem Accorde sofort wieder börsenfähig werden; er kann zur Ausübung der mit der Mitgliedschaft kaufmännischer Corporationen verbundenen Rechte zugelassen, ja es kann ihm unter besonders geeigneten Umständen, welche näher zu präcisiren man aufgegeben hat, schon bei Nachweis der Erfüllung der accordmäßigen Verpflichtungen die Wiedereinsetzung in den vorigen Stand gewährt werden, welche alle durch den Concurs verlorenen Rechte zurückgiebt (§ 318). Man hat bei uns mit diesem Rehabilitations-Verfahren keine besonders guten Erfahrungen gemacht.[275]) Deshalb können wir uns von einer Erschwerung desselben durch das Erforderniß einer Untersuchung des Wohlverhaltens des Cridars vor und in dem Concurse[276]) keinen erheblichen Erfolg versprechen. Indessen bleibt dasselbe in seiner jetzigen Gestalt immerhin ein Sporn zum Ersatz der Ausfälle. Eine gleiche Wirkung dem bestätigten Accorde beizulegen, scheint uns nicht gerechtfertigt. Der Accord ist zu erheblichem Theil immer ein Privatabkommen, und kann deshalb über den Erlaß der persönlichen Nachtheile nicht verfügen. Die Tendenz der Rechtsentwickelung beim Accorde ist nicht größere Milde, sondern größere Strenge.[277])

---

275) Dasselbe ist den meisten Gesetzen und Entwürfen unbekannt. So Bremen, Lübeck, Hannover, Baden, Nassau, d. Württemb., Weimar. und Bayer. Entw. — Der Sächs. Entw. hat das Rehab.-Verf. gleichfalls, als dem öffentlichen Recht angehörig, nicht geordnet (Mot. S. 764. 765). Ebenso ist ein solches dem englischen Recht unbekannt. Das sog. Certificat, welches den Cridar von allen vor dem Concurse entstandenen und in ihm geltend zu machenden Ansprüchen befreit, wird nur bei Wohlverhalten ertheilt. Auch bei Accorden kommen dergleichen Certificate vor (Güterbock bei Goldschmidt II. S. 304—311. 314. 318. 319. 321). Bei der Reform von 1861 ist die dreifach verschiedene Abstufung des certificate of conformity weggefallen (Mittermaier das. VIII. S. 320. 321). — Aehnlich das Nordamerik. Ges. sec. 29—34. 43.

276) Vgl. Meyer, Deutsche Ger.-Ztg. 1861 S. 138 f.

277) Nach dem Oesterr. Entw. erlangt der Gemeinschuldner nur das Recht zum Betrieb von Handelsgeschäften unter einer Firma sofort mit der Be-

IV. Feststellung der Passiv-Masse. Vertheilungen.

Die Grundsätze der Concursordnung über Anmeldung, Prüfung und Feststellung der Forderungen der Concurs-Gläubiger und über die Vertheilungen an dieselben bilden die eigentliche Glanzpartie dieses Gesetzes. Niemand bei uns wünscht heutzutage, zu dem gemeinrechtlichen System der Präclusion, Klassification und Schlußvertheilung zurückzukehren, dessen Schwerfälligkeit die Concurse verschleppte und die Massen aufzehrte. Es ist ein glücklicher, dem französischen Recht entlehnter Gedanke[278]), die Universalität des Concurses nur in dem Prüfungs- und Vertheilungsverfahren hervortreten zu lassen, im Uebrigen aber die streitig gebliebenen Liquidate zu besonderen, allerdings in der Regel vor das Concursgericht gehörenden Prozessen zu weisen. Das Verfahren hat dadurch an Leichtigkeit und Einfachheit erheblich gewonnen. Ebenso glücklich wird die frühere Ausschließung mittelst ausdrücklichen Bescheides in mehr thatsächlicher Weise durch die stattfindenden Vertheilungen ersetzt. [279]) Nur in wenigen Punkten ist dieses System seither bemängelt worden.

Zunächst ist es die Parteistellung bei Regulirung der Passiv-Masse, welche zu vereinzelten Angriffen Anlaß gegeben hat. Der Verwalter der Masse gilt der Concurs-Ordnung als „Vertreter der

---

stätigung zurück. Im Uebrigen bedarf es des „Wiederbefähigungs-Verfahrens", welches durch den Nachweis der Tilgung des Ausfalls bedingt ist (§ 255).

[278]) Siehe die durchgeführte Vergleichung des Preuß. Verfahrens mit dem code de comm. bei Koch S. 160. Note 79. Durchaus nicht nachahmenswerth ist das englische Verfahren, welches ganz den Charakter eines Processes verloren hat und zu einer Inquisition von Amtswegen geworden ist, wobei das Gericht mit Hülfe des sehr ausgedehnt gebrauchten Eides nach seinem Ermessen verfährt — s. Mittermaier bei Goldschmidt VIII. S. 519.

[279]) Dem gemeinrechtlichen System folgt noch die Hann. P.-O. § 626 f., 648 f., ebenso die Badische P.-O. § 745 f., 816 f., Lübecker C.-O. § 83 f., 128 f.; die Bremer Deb.-Verordn. kennt keinen Präclusiv-Bescheid, aber Edictalladung mit Präclusiv-Frist, Collocations-Urtheil und Schlußvertheilung (§ 200 f.). Aehnlich das Nassauische Conc.-Ges. § 75 f. Von den neueren Entwürfen nähert sich der Bayerische Art. 1099 f. dem preuß. System (anders wieder d. Ausschuß-Entw. — s. Verh. S. 518); der Weimar. Entw. §§ 549 fgde. dem Bremischen. Ganz nahe mit der Preuß. Conc.-Ordn. verwandt ist auch hier der Sächs. Entw. (§ 224 f.) und der Oesterr. Entw. (§ 167 fgde.).

Gläubigerschaft und der Masse“ (§§ 131. 215 C.-O.), d. h. er vertritt die Gläubigerschaft activ und passiv; er ist curator und contradictor in einer Person. Der Gemeinschuldner tritt dabei ganz in den Hintergrund. Er wird im Prüfungsverfahren nur als Auskunftsperson gehört, ist aber nicht selbst Partei; sein Bestreiten hat nicht den Erfolg, das Liquidat zu einem streitigen zu machen; nur der Verwalter und die Gläubiger haben das Recht, zu bestreiten (§§ 171. 172. 173 C.-O.). Der Verwalter vertritt mit einem Worte auch den Gemeinschuldner, soweit es sich um Feststellung der Passiv-Masse handelt, selbst in Ansehung der Ansprüche auf abgesonderte Befriedigung (§§ 263. 269)[280]. Diese Stellung des Gemeinschuldners wird von einigen Seiten angefochten. Man findet es unbillig, wenn der Gemeinschuldner, welcher trotz der Concurseröffnung Eigenthümer der Concursmasse bleibt, über die Ansprüche an dieselbe nicht gehört werden soll.[281]) Allein es ist, ganz abgesehen von Kosten, Verzögerung und Kollusionsgefahr, zu erwägen, daß es sich hier um einen großen Act der Executionsvollstreckung handelt. Auf diesem Gebiete wird der Verfügungswille des Eigenthümers durch eine gesetzliche Nothwendigkeit, welche die Verfügungsberechtigung auf andere Personen überträgt, ersetzt. Allerdings setzt diese nothwendige Stellvertretung im Allgemeinen einen executorischen Titel auf Seiten des Gläubigers voraus, welcher im Concurse erst durch die Feststellung der Liquidate zu beschaffen ist. Indessen läßt sich im weiteren Sinne der Act der Concurseröffnung selbst als ein executorischer Titel für die gesammte Gläubigerschaft auffassen, und deshalb bei der Herstellung eines solchen im engeren Sinne für die einzelnen Liquidanten sehr wohl dem Vertreter der gesammten Gläubigerschaft eine Mitwirkung ohne

---

280) § 269 ist daher keine Ausnahme für das Verfahren mit den Separatisten, wie Koch will S. 203. Note 30, sondern gänz folgerichtig. (Vgl. Koch Civil-Prozeß S. 863). Der Verwalter ist übrigens auch bei Anerkennung von Real-Ansprüchen ganz selbstständig und nicht an die Anweisung des Concursgerichts gebunden (s. den von mir mitgetheilten Rechtsfall nebst Bemerkungen bei Hinschius Preuß. Anwalts-Ztg. 1864 Nr. 28. 29), soweit das Gesetz nicht Ausnahmen macht (§§ 158. 222. 223).

281) Koch S. 140. Note 33, Makower S. 10 fgde.

Zwang übertragen. Es ist dabei zu beachten, daß das Interesse der gesammten Gläubigerschaft hier mit dem des Gemeinschuldners zusammenfällt. Letzterer hat die Concurs-Masse zur Befriedigung der Gläubiger Preis gegeben. Er hat in der Regel überhaupt weder an der Rangordnung, noch selbst an der Feststellung der einzelnen Liquidate ein erhebliches Interesse. Nur soweit dem Anerkenntniß des Verwalters und folgerecht der Feststellung gegen diesen im Special-Prozesse eine judicatmäßige Wirkung über den Concurs hinaus zukommt [282]), erscheint eine Ausschließung des Gemeinschuldners nicht gerechtfertigt. Eine judicatmäßige Entscheidung aber auch bezüglich des Ausfalls im Concurse zu erlangen, ist von erheblichem Vortheil. Namentlich bedarf die accordmäßige Verpflichtung der schnellen Realisirbarkeit. Man wird sich daher kaum entschließen können, die Judicats-Wirkung gegen den Gemeinschuldner ganz auszuschließen. Dagegen dürfte es gerechtfertigt sein, wenigstens dann, wenn der Gemeinschuldner im Prüfungstermin ein Liquidat ausdrücklich bestreitet, den Gläubiger zu nöthigen, falls er dasselbe nicht bloß gegen die Masse, sondern gegen den Gemeinschuldner selbst geltend machen will, solches von Neuem gegen diesen nach beendigtem Concurse oder während desselben (s. oben S. 20 fgde) auszuführen. [283]) Im Uebrigen genügt u. E. die im Ganzen objective Stellung des Verwalters und die Oberaufsicht des Gerichts,

---

[282]) So wenigstens bezüglich des Anerkenntnisses das Obertrib. bei Striethorst, Arch. Bd. 50. S. 344, 54. S. 288. 336, 55. S. 326, Entsch. Bd. 44. S 258, 52 S. 454. 474. (Koch S. 169. Note 86, S. 195. Note 16 a). Dagegen: Koch Civilproz. S. 864, Makower S. 9 fgde; meine Beurth. von Bd. 52 d. Entsch. (Deutsche Ger.-Zeitg. 1866. 1. Sem. Seite 6.), Rüdorff bei Hinschius Zeitschrift Bd. I. (1867) S. 665 fgde.

[283]) So der Oesterr. Entw. § 118. Absatz 4: „Eine ausschließlich von dem Gemeinschuldner ausgehende Bestreitung hat in Betreff des in den Concurs gehörenden Vermögens keine rechtliche Wirkung; sie hindert jedoch die unmittelbare Geltendmachung des im Concurse festgestellten Anspruchs im Wege der Execution auf das von dem Gemeinschuldner nach der Concursbeendigung erworbene oder zu seiner freien Verfügung verbliebene Vermögen.“ Aehnlich § 646 der Hannöv. Proz.-Ord., für welche sich Rüdorff a. a. O. S. 680 erklärt. — Der Preuß. C.-O. schließt sich an der Sächs. Entw. § 165. 166 u. d. Entw. zum H.-G.-B. Art. 822—824 (S. 382 f., 456). Vgl. auch Bremer Deb.-Verordn. §§ 212. 216 fgde. (Es wird nur mit dem Curator oder dem ausnahmsweise ernannten besonderen Contradictor procedirt.); Weimar. Entw. § 582.

welche letztere wir keinesfalls zu einer förmlichen, durch Anweisung an den Verwalter zum Bestreiten oder gar Anerkennen sich äußernden Gestionsbefugniß erweitern möchten [284]), auch zur Wahrung der Interessen des Gemeinschuldners. Dessen Stellung in den Specialprozessen bezüglich der Abhörung als Zeuge oder der Zuschiebung von Eiden ist damit noch keineswegs entschieden. Die Lösung dieser Fragen erfolgt vielmehr nach allgemeinen Prozeß-Grundsätzen, welche die künftige Civilprozeß-Ordnung bestimmter formuliren wird. [285])

Durch die Nothwendigkeit solcher Special-Prozesse [286]) und die Freiheit, welche die Concurs-Ordnung den Gläubigern hinsichtlich des Zeitpunkts ihrer Anstellung läßt, wird übrigens das Concursverfahren durchaus nicht so verzögert [287]), daß eine Abänderung des Gesetzes geboten wäre. Die Vertheilung ist, wie für die Anmeldung der Forderung, so für die Anstellung des Specialprozesses, auf dessen Erfolg sie nicht zu warten hat (§§ 241. 246. 255), eine ganz zweckmäßige Grenze. Allerdings kann dabei unter Umständen eine Umarbeitung des bereits entworfenen Theilungsplans erforderlich werden. Allein das Gleiche kann bei Erinnerungen gegen den Theilungsplan (§ 245) eintreten, und es kommt hinzu, daß nur die bis zum Ablauf der Einwendungsfrist eingehenden Anmeldungen oder Nachweise der Anstellung von Special-Pro-

[284]) Gegen eine solche Gesetzänderung erklärt sich auch Güterbock, Mängel Seite 21. Rüdorff a. a. O. will im Falle des Bestreitens den Verw. über seine Gründe hören und vom Commissar event. „dem materiellen Recht gemäß dirigiren" lassen.

[285]) Vgl. Mot. z. Entw. d. H.-G.-B. S. 383; v. Bayer a. a. O. §§ 61. 62. Specialbestimmungen wie in der Allg. Ger.-O. I. 10, § 280 f., Bremer Deb.-Verordn. §§ 15—19 sind bedenklich. D. Weimar. Entw. § 562. verweist hinsichtlich der Glaubwürdigkeit des Gemeinschuldners auf die allgemeinen Vorschriften.

[286]) Mit dem Sportelrecht haben wir es hier nicht zu thun. Sonst würde auf die nicht unbegründete Klage einzugehen sein, daß die Liquidationskosten durch die Berechnung nach dem vollen Object der Forderung, anstatt nach der voraussichtlichen Dividende — s. Ges. v. 15. März 1858 Art. 1. No. 9. (G.-S. S. 69); anders in den neuen Landestheilen: s. d. Verordnungen v. 30. Aug. 1867 § 9. A. 3 (G.-S. S. 1372); § 9, 3 (G.-S. S. 1389); § 10 (G.-S. S. 1402) — allzusehr vertheuert werden.

[287]) Lasker a. a. O. S. 187.

zessen berücksichtigt werden (§ 254 Abs. 4, § 255 Abs. 5). Der feststehende Vertheilungsplan steht insofern der bereits vollzogenen Vertheilung gleich.[288]) Es ist ein Vortheil, wenn der Gläubiger, ehe er sich zur Anstellung des Special-Prozesses und Aufwendung von vielleicht nutzlosen Kosten entschließt, möglichst lange deliberiren kann.[289]) Ein besonderes Rechtsinstitut — die Anordnung der Anfertigung eines Theilungsplans[290]), welche dann doch öffentlich unter Gewährung einer Präclusivfrist bekannt zu machen wäre — um jenes vereinzelten Uebelstandes willen in das Theilungsverfahren einführen, hieße das Präclusionsprincip der Concurs-Ordnung durchbrechen und das Verfahren in allen Fällen verzögern.[291]). Das Einzige, was sich rechtfertigen ließe, wäre u. E., daß man dem verspätet Auftretenden (wie bei Restitutionen gegen Prozeß-Versäumnisse) die Kosten der Umarbeitung auferlegte. Allein hierbei würde wieder der Zeitpunkt, mit dem die Verspätung als eingetreten angesehen werden soll, Schwierigkeiten machen.[292]) Es dürfte

---

288) Vgl. § 47 d. Min.-Instr. — Entscheidung einer im rheinischen Rechtsgebiete hervorgetretenen Streitfrage im Sinne der Praxis u. des franz. Fall.-Ges. Art. 503. Vgl. auch Art. 905. 906 d. Entw. z. H.-G.-B. u. Motive Seite 495.

289) Comm.-Ber. d. 2. K. bei Goltdammer S. 425, Wentzel und Klose Seite 363 f.

290) Gegenwärtig ist dieselbe ein reines internum der Gerichte. Die Hauptrolle spielt die Calculatur (§§ 239. 241 C.-O.). Würden die Vorschriften über die gerichtliche Aufbewahrung der Bestände (§§ 161. 221) nach den mehrfach laut gewordenen Wünschen und Vorschlägen modificirt (Güterbock, Mängel S. 19, Koch S. 158. Note 75, S. 205. Note 36, Art. 884 d. Entw. z. H.-G.-B.), so könnte vielleicht auch der Einfluß der Gläubiger auf den Zeitpunkt von Vertheilungen nach neuerem englischem Beispiel (Mittermaier bei Goldschmidt VIII. S. 522) erweitert, und die Aufstellung des Theilungsplans dem Verwalter in Wahrheit (s. § 241. Abs. 1 C.-O. und dazu Koch S. 213. Note 52) überlassen werden.

291) Auch in dem Oesterr. u. Sächs. Entw. findet sich ein solches Institut nicht. Ersterer stimmt mit der Conc.-O. (§§ 172. 185); letzterer geht nur insofern über diese hinaus, als er den Nachweis der Klageerhebung nur bis zu dem Zeitpunkte zuläßt, wo die Aufforderung zur Erklärung über den Theilungsplan einem der Gläubiger zugestellt ist (§ 225. No. 2). Dieser Präclusiv-Termin ist u. E. willkührlich und ungeeignet.

292) Soll die erste Auslegung des Plans (§ 242. Al. 1) oder der Ablauf der Anmeldungsfrist, und welcher Frist, entscheiden?

u. E. im Interesse der inneren Conformität der Concurs-Ordnung am Gerathensten sein, es bei dem bestehenden Recht bewenden zu lassen. — Die früher gehörte Klage, daß den auswärtigen Gläubigern durch die nach § 244 Satz 2, § 179. 180 d. C.-O. erforderliche Auszahlung an den Gläubiger in Person oder einen mit Special-Vollmacht versehenen Mandatar unverhältnißmäßige Kosten erwüchsen [293], ist bereits im Wesentlichen durch das Gesetz vom 8. Juli 1865 (Ges.-S. S. 761) [294] erledigt, wonach die Versendung von Geld und geldwerthen Papieren aus den gerichtlichen Depositorien durch die Post bis zu 50 Thlr. unbeschränkt und darüber hinaus auf Grund eines in einfacher Weise zu beglaubigenden Antrages gestattet ist. Durchweg im Concurse „den auswärtigen Gläubigern ihre Hebungen mit der Post zu übersenden, so daß dieselben nur das Porto zu tragen haben" — wie die Stettiner Kaufmannschaft beantragt [295] — läßt sich nicht befürworten. Die allgemeine Ordnung des Deposital-Verkehrs [296] muß auf Auszahlungen im Concurse gleichfalls anwendbar bleiben. Wir können uns deshalb auch nicht dafür erklären, von dem Erforderniß gerichtlicher oder notarieller Vollmacht, sofern in der schriftlichen Vollmacht nicht das Gegentheil bestimmt ist, abzusehen. [297] Selbst für sich betrachtet, ist eine so weit gehende Auslegung der einfachen Vollmacht zur Wahrnehmung der Rechte des Mandanten im Concurse bedenklich. Eine geschehene Zahlung läßt sich bei Unechtheit der Vollmacht nicht einfach als unwirksam behandeln, wie ein Vergleich oder Accord. Die ganze Frage ist überdies von geringer Erheblichkeit. —

Wir sind am Schluß. Unsere Bemerkungen werden gezeigt haben, daß wir einer einseitigen Vertheidigung oder Lobrednerschaft

---

293) Güterbock, Mängel S. 22.

294) Vgl. dazu Circ.-Rescr. v. 26. Juli 1865 (Just.-Min.-Bl. 1865 S. 163).

295) Bericht der Vorsteher a. a. O. sub V.

296) Depos.-Ordnung I. § 27, II. §§ 130. 131. 159, Gesetz v. 11. Juli 1845 (G.-S. S. 495). Vgl. v. Rönne, Erg. 5. Ausg. Bd. 3. S. 913. 928 Esselen, Dep.-Ordn. 3. Aufl. S. 82 f.

297) So Güterbock, Mängel S. 23 (wenigstens für Beträge etwa unter 50 Thlrn.).

der Concurs-Ordnung fern stehen. Bei zahlreichen Punkten haben wir einer Verbesserung des bestehenden Rechts das Wort geredet. Eine durchgreifende Revision der Concursordnung würde sicherlich noch andere Mängel auffinden, Dunkelheiten, welche in der Anwendung hervorgetreten oder von der Theorie gerügt worden sind, aufzuklären, Unebenheiten des Inhalts und der Fassung zu beseitigen haben. Aber wir bleiben rückschauend dabei stehen: So wenig davon die Rede sein kann, mit den Grundprincipien der Concursordnung zu brechen, so wenig ist eine Abänderung der letzteren im Einzelnen bei gegenwärtiger Lage der Dinge ein dringendes Bedürfniß. Die Vorschläge des Handelsstandes insbesondere haben den Anspruch auf prioritätische Erledigung nicht zu erweisen vermocht. [298]) Es giebt andere Anforderungen, welche mit jenen auf gleicher Linie stehen. Gerade um diesen Nachweis zu führen, konnten sich unsere Bemerkungen nicht ausschließlich mit den laut gewordenen Wünschen des Handelsstandes befassen. Rein doctrinelle Zweifel freilich sind bei Seite gelassen. Wir haben uns im Wesentlichen, soweit nicht bestimmte Anträge vorlagen, auf die in der Praxis hervorgetretenen Mängel beschränkt. Alles in Allem genommen, haben die bezüglich des Accordes gemachten Erfahrungen, schon wegen ihrer über das eigentlich juristische Gebiet hinausgehenden Bedeutung, das meiste Gewicht. Allein auch hier wird sich ergeben haben, daß die gegen das Gesetz erhobenen Rügen mehr die Schale als den Kern des Instituts treffen. Ueberall gilt — was auf dem ersten Preußischen Handelstage ausdrücklich anerkannt worden ist — daß die hervorgetretenen Mißstände zum großen Theil in dem eigenen Verhalten der Gläubiger, zum Theil in der mangelhaften Uebung der Gerichte ihren Grund finden. Schon jetzt ist diese Uebung auf besseren Wegen; die gegenwärtige Reformbewegung wird den Vortheil haben, dieselbe weiter zu läutern. Mögen nun auch die Gläubigerschaften, mag vor Allem der Handelsstand, soweit an ihm ist, die

---

[298]) „Freilich dürfen die Kaufleute nicht glauben, daß jede neue Mode, welche sie einführen, ohne Weiteres Gesetzeskraft habe — eine Vorstellung, welcher von den Juristen (vermöge der Maxime: „cuilibet in sua arte credendum est“) nur zu sehr Vorschub geleistet wird.“ — Christian Not. zu Blackstone I., 75.

Concursordnung richtig zu verstehen und zu handhaben lernen! Bei wachsendem Eifer der Betheiligten — wir sind davon überzeugt — werden manche Vorschriften in ein anderes Licht treten, manche Reform-Wünsche verstummen. Wer aber bei der Preußischen Gesetzgebung mitzuwirken berufen ist, mag jener Maxime Edmund Burke's eingedenk sein: „Das Richtige ist der Entschluß, zu bewahren, verbunden mit der Geneigtheit, zu verbessern." Diese Geneigtheit wird in der Concursordnung des Norddeutschen Bundes, wenn dieselbe dereinst durch Preußens Bemühungen das große Norddeutsche Verkehrsgebiet und bald vielleicht auch den Süden umschließt, sicherlich eine höhere Befriedigung finden, als in einer Novelle zur Concursordnung vom 8. Mai 1855.

Inhalts-Verzeichniß.

Verlag von J. Guttentag in Berlin
(Guttentag & Bahlen.)
Druck von J. Dräger's Buchdruckerei (C. Feicht) in Berlin.

Kolibri 360 GmbH
Ferdinand-Jühlke-Straße 7
99095 Erfurt, Deutschland
produktsicherheit@kolibri360.de